J. Wandel

Rußlands Agrarpolitik unter Putin

Studien zur Ordnungsökonomik

Herausgegeben von

Prof. Dr. Alfred Schüller

*Marburger Gesellschaft für
Ordnungsfragen der Wirtschaft e.V.*

in Verbindung mit der

*Forschungsstelle zum Vergleich
wirtschaftlicher Lenkungssysteme
der Philipps-Universität Marburg*

Nr. 30:   Rußlands Agrarpolitik unter Putin

 Lucius & Lucius · Stuttgart · 2005

Rußlands Agrarpolitik unter Putin

von

Jürgen Wandel

 Lucius & Lucius · Stuttgart · 2005

Anschrift des Autors:

Dr. Jürgen Wandel
Martin-Luther-Universität Halle-Wittenberg
Institut für Agrarökonomie und Agrarraumgestaltung
Emil-Abderhalden-Str. 20
D-06108 Halle

Bibliographische Information der Deutschen Bibliothek

Die Deutsche Bibliothek verzeichnet diese Publikation in der Deutschen Nationalbibliographie; detaillierte bibliographische Daten sind im Internet über http://dnb.ddb.de abrufbar.

© Lucius & Lucius Verlags-GmbH · Stuttgart · 2005
 Gerokstraße 51 · D-70184 Stuttgart

Das Werk einschließlich aller seiner Teile ist urheberrechtlich geschützt. Jede Verwertung außerhalb der engen Grenzen des Urheberrechtsgesetzes ist ohne Zustimmung des Verlages unzulässig und strafbar. Das gilt insbesondere für Vervielfältigungen, Übersetzungen, Mikroverfilmung und die Einspeicherung und Verarbeitung in elektronischen Systemen.

Druck und Einband: ROSCH-BUCH Druckerei GmbH, 96110 Scheßlitz
Printed in Germany

ISBN   3-8282-0321-3

Inhalt

Abkürzungsverzeichnis II

1. Einleitung 1

2. Das Wissensproblem 5

3. Handlungsmöglichkeiten der Wirtschafts- und Agrarpolitik und das
   Wissensproblem 7

4. Die ordnenden Kräfte in der russischen Agrarpolitik 10

5. Grundzüge der Agrarpolitik in der Jelzin-Ära 23

6. Die Agrarpolitik unter Putin 25
   6.1. Die agrarpolitischen Programme 25
   6.2. Gestaltung der institutionellen Rahmenbedingungen 30
   6.3. Direkte Lenkung des Wirtschaftsprozesses und der Wirtschaftsstruktur 33
        6.3.1. Förderung bestimmter Produktionszweige 33
        6.3.2. Förderung der betrieblichen Umstrukturierung 33
        6.3.3. Regulierung der Agrarmärkte 39
        6.3.4. Bewertung 40

7. Ausblick 43

Literatur 50

Abkürzungsverzeichnis

AKKOR	Associacija krest'janskich chozjajstv i kooperativov Rossii (=Assoziation der Bauernwirtschaften und landwirtschaftlichen Genossenschaften Rußlands)
AFIG	Agro-Finanz-Industriellen Gruppen (russ.: agro-finansovo-promyšlennaja gruppa = AFPK)
APK	Agropromyšlennyj kompleks (= Agro-Industrieller Komplex - AIK)
FIG	Finanz-Industrielle Gruppe (russ.: finansovo-promyšlennaja gruppa)
Goskomstat	Gosudarstvennyj komitet po statistike (= Staatliches Komitee für Statistik)
OAO	Otkrytoe akcionernoe obščestvo (offene Aktiengesellschaft)
OOO	Obščestvo s ograničenoj otvetstvennost'ju (= Gesellschaft mit beschränkter Haftung)
WTO	World Trade Organization
ZAO	Zakrytoe akcionernoe obščestvo (geschlossene Aktiengesellschaft)

1. Einleitung

Schon während der gesamten Transformationsperiode traten nicht nur Vertreter der konservativen Agrarlobby, die hauptsächlich die landwirtschaftlichen Großbetriebe und die lokale staatliche Agrarverwaltung[1] repräsentieren (*Pleines* 2003, S. 280), sondern auch viele Agrarökonomen[2] für eine stärkere staatliche Regulierung der russischen Agrar- und Ernährungswirtschaft ein. Auch nach der spürbaren Verbesserung der Wirtschaftslage des Sektors nach der Rubelkrise im August 1998[3] wird diese Forderung unentwegt erhoben und dominiert in Rußland auf wissenschaftlichen Konferenzen von Agrarökonomen. Die Notwendigkeit für eine stärkere staatliche Regulierung wird zum einen damit begründet, daß die Zahl der mit Verlust arbeitenden Betriebe mit knapp der Hälfte aller landwirtschaftlichen Betriebe immer noch viel zu hoch sei. Ohne staatliche Hilfsmaßnahmen wird die massenweise Schließung von Betrieben mit entsprechend hohen sozialen Kosten vor allem in den ländlichen Räumen befürchtet. Zum anderen wird kritisiert, daß die Produktion von Agrar- und Ernährungsgütern bei vielen Produkten immer noch nicht das Niveau von 1990 erreicht habe und damit eine für alle Bevölkerungsgruppen physiologisch ausreichende Versorgung mit heimischen Nahrungsmitteln gefährdet sei.[4] Gleichzeitig wird dabei auf die für zu hoch gehaltenen Importe von Agrar- und Ernährungsgütern verwiesen. Nach deren Rückläufigkeit im Zuge der Rubelabwertung 1998 nehmen diese seit 2001 wieder zu; 2003 wurde wieder das Niveau vor der Rubelkrise erreicht (*IET* 2004a, S. 236). Dies setze die heimische Agrar- und Ernährungswirtschaft einem zusätzlichen Wettbewerbsdruck aus, was deren eben erst begonnene wirtschaftliche Erholung gefährde. In diesem Zusammenhang wird oft die Befürchtung geäußert, daß ohne staatliche Eingriffe mit Hilfe reglementierender und protektionistischer Mittel Rußland die sog. „Ernährungssicherheit" (russ.: prodo-

---

1   Die lokale Agrarverwaltung ist für die Umsetzung der agrarpolitischen Maßnahmen, die von der Föderationsregierung in Moskau und/oder der Regierung des jeweiligen Föderationssubjektes beschlossen wurden, auf kommunaler Ebene zuständig.

2   Vgl. aus dem Bereich der Agrarökonomie *Košolkina* und *Zacharov* (2003, S. 20); *Korobejkinov* (2002, S. 49 f.); *Ušačev* (2002a, S. 30); *Radugin* und *Ljubimov* (1999, S. 21 ff.). Aus dem Bereich der Agrarpolitik sei z.B. auf einen Aufruf vom Mai 2003 an Präsident *Putin* verwiesen, den der Föderationsrat auf Initiative des Agrarausschusses formuliert hatte. Darin wird der Präsident aufgefordert, den Agrarsektor stärker zu schützen (*Agra-Europe* 20/03, 19.05.2003, Länderberichte 28+29). In die gleiche Richtung gehen verschiedene Äußerungen des russischen Landwirtschaftsministers Aleksej Gordeev (*Agra-Europe* 5/03, 03.02.2003, Europa-Nachrichten 12; 4/03, 27.01.2003, Länderberichte 37).

3   Vgl. ausführlicher zur Entwicklung der russischen Agrar- und Ernährungswirtschaft *Institute for the Economy in Transition* (im weiteren abgekürzt als *IET*) (2002, 2003a und 2003b); *World Bank* (2004) oder *Lukas* und *Pöschl* (2002, S. 231 ff.).

4   Kaum wird jedoch in den einschlägigen Veröffentlichungen begründet, warum man ausgerechnet das Jahr 1990 als Referenzzeitpunkt nimmt, noch wird die Problematik eines solchen Vergleichs diskutiert. Vgl. zur allgemeinen Problematik dieser Vergleiche mit 1990 z.B. *Götz* (1997, S. 14 f.; 2002, S. 70 f.); *Aslund* (2001) und für den Bereich der Landwirtschaft *Wädekin* (1994, S. 517 f.).

vol'stvennaja bezopasnost') verlieren würde.⁵ Mit dem Begriff der „Ernährungssicherheit" kommt die Sorge zum Ausdruck, daß die russische Landwirtschaft als „nationaler Sektor" verschwinden könnte und Rußland bei der Nahrungsmittelversorgung vom Wohlwollen anderer Länder abhängig und somit politisch erpreßbar werden würde.⁶ Als weitere Begründungen für ein stärkeres Engagement des Staates im Agrar- und Ernährungssektor werden schließlich unfaire Handelspraktiken westlicher Anbieter angeführt (vgl. u.a. *Ušačev* 2003a, S. 8) und die in vielen westlichen Marktwirtschaften, allen voran in der EU, aber auch in den USA praktizierte interventionistische und protektionistische Agrarpolitik, die zeige, daß dieser Sektor der Volkswirtschaft eine Sonderrolle einnehme und generell der Unterstützung des Staates bedürfe (so z.B. *Košolkina* 2002, S. 21; *Ušačev* 2003b, S. 86 f.).

Viele westliche Ökonomen stehen staatlichen Eingriffen in den Wirtschaftsprozeß skeptisch bis ablehnend gegenüber. Dies hängt allerdings von ihrer wirtschaftstheoretischen Orientierung ab. Nicht kategorisch ablehnend, aber mit Skepsis betrachten beispielsweise Anhänger der neoklassischen Wohlfahrtsökonomik Eingriffe des Staates in das Wirtschaftsgeschehen, weil sie darin eine Verminderung der Allokationseffizienz im Sinne eines Pareto-Optimums und die Ursache für gesamtwirtschaftliche Wohlfahrtsverluste sehen. Der Effizienzbegriff, von dem die Wohlfahrtsökonomik in ihrer wirtschaftspolitischen Argumentation ausgeht, basiert auf dem Modell des vollständigen Wettbewerbs. Anhand dieses Modells werden Bedingungen abgeleitet, die erfüllt sein müssen, damit eine effiziente Allokation gewährleistet ist. Werden diese idealen Bedingungen in der Realität nicht erfüllt, liegen definitionsgemäß Ineffizienzen vor. Die Theorie spricht in diesem Fall auch von „Marktversagen", und es wird dann wirtschaftspolitischer Handlungsbedarf diagnostiziert, um dieses Marktversagen und die damit verbundenen Ineffizienzen zu beseitigen (vgl. auch *Pies* 1996, S. 7).

Eine prinzipiell ablehnende Haltung gegenüber staatlichen Interventionen in den Wirtschaftsprozeß nimmt die Ordnungsökonomik der Freiburger Schule um *Walter Eucken* ein, weil dadurch das Koordinationsgefüge und die Funktionsfähigkeit des Preissystems gestört werden (*Böhm* 1950, S. XXXIV f.; *Eucken* 1952/1990, S. 140 ff.). Außerdem wird die Unterlassung interventionistischer Politiken mit dem begründet, was *Eucken* (1952/90, S. 180) als „Interdependenz der Ordnungen" bezeichnet. Aufgrund der komplexen Verflechtung aller Sektoren würden Eingriffe in den Wirtschaftsprozeß die Wirtschaftspolitik zu einem „Chaos unzusammenhängender oder widerspruchsvoller Maßnahmen" mit nicht kontrollierbaren Nebenwirkungen machen (*Eukken* 1952/90, S. 251 ff.).

---

5 Siehe auch *Borchunov* (2003, S. 45); *IET* (2003b, S. 254); *Ušačev* (2003a, S. 8); *Zičenko, Nazarenko, Šajkin et al.* (2004, S. 43 ff.).

6 Für die wichtigsten Produktgruppen haben russische Agrarökonomen sogar quantitative Richtwerte für den Tatbestand der Ernährungssicherheit festgelegt. Bei Getreide soll sie dann sichergestellt sein, wenn der Anteil der heimischen Produktion an der insgesamt auf dem Markt verkauften Menge mindestens 90 % beträgt, bei Zucker 60 %, bei Pflanzenfett 70 % und bei Milch und Fleisch jeweils 80 % (*Ušačev* 2003a, S. 8 sowie *Zičenko, Nazarenko, Šajkin et al.* 2004, S. 54 ff.). Wie diese Quoten begründet werden, wird nicht erläutert.

Eine weitere Begründung gegen staatliche Eingriffe in den Wirtschaftsprozeß knüpft an das letzte Argument *Euckens* an, rückt dabei aber ein Problem in den Mittelpunkt, das von noch viel grundsätzlicherer Natur ist, weil es an den begrenzten kognitiven Fähigkeiten des Menschen ansetzt, alle komplexen Phänomene – wie das einer arbeitsteiligen Volkswirtschaft – völlig erfassen und damit erklären und beherrschen zu können. Das ist das Problem, das der Nobelpreisträger für Wirtschaftswissenschaften von 1974, *Friedrich August von Hayek* (1967/94, S. 171), als „konstitutionelle Unwissenheit" bezeichnet. Darunter versteht er die unvermeidliche Begrenztheit des Wissens der in einer komplexen arbeitsteiligen Volkswirtschaft handelnden Personen einschließlich der Wissenschaftler über alle einzelnen Umstände und Tatsachen, die das Handeln der Menschen bestimmen (*Hayek* 1968/94a, S. 206). Dieses begrenzte Wissen setzt wirtschaftspolitischen Eingriffen enge Grenzen, die nur um den Preis unvorhersehbarer Systemreaktionen überschritten werden können.

Das Ziel dieses Beitrages ist es, diese letztgenannte Begründung für die Ablehnung einer interventionistischen Agrar- und Wirtschaftspolitik in den Mittelpunkt zu rücken und vor diesem Hintergrund zu untersuchen, inwieweit die Forderung nach stärkerer staatlicher Regulierung des Agrar- und Ernährungssektors in die Agrarpolitik unter *Vladimir Putin*, so wie sie in verschiedenen Regierungsprogrammen proklamiert und zum Teil schon realisiert wurde, Eingang gefunden hat und inwieweit damit dem Problem der „konstitutionellen Unwissenheit" Rechnung getragen wird.

Für die Konzentration auf das Problem der konstitutionellen Unwissenheit gibt es folgende Gründe. Zum einen sind die neoklassischen wohlfahrtsökonomischen Argumente gegen staatliche Eingriffe in den Agrarsektor in der einschlägigen ökonomischen Lehrbuchliteratur zur Agrarpolitik und Außenhandelspolitik und mit Blick auf die russische Situation an anderer Stelle[7] hinlänglich diskutiert worden. Gleichwohl besteht bei der neoklassischen wohlfahrtsökonomischen Argumentation auch die Neigung, das Wissen über wirtschaftliche Prozesse und damit deren Gestaltbarkeit zu überschätzen.[8] So beanspruchen Wohlfahrtsökonomen bei ihrem Vergleich der realen Welt mit der Idealsituation des bei vollständigem Wettbewerb realisierten wirtschaftlichen und sozialen Pareto-Optimums[9], allumfassende Kenntnisse zu haben. Es wird davon ausgegangen, daß die „Daten", an denen die Individuen ihre Pläne orientieren, also in erster Linie die relativen Preise, Tatsachen in einem naturwissenschaftlichen Sinne sind und allen bekannt sein würden und daß diese für die beobachteten Akteure relevanten „Daten" dem (wissenschaftlichen) Beobachter ebenso zugänglich wären wie die personenbezogenen Umstände. Die reale Ökonomie ist aber einem permanenten und unvorher-

---

7   Vgl. hierzu z.B. *Center for Economic and Financial Research* (2001, S. 8 ff.) oder *Hishow* (2003, S. 18 ff.).

8   Vgl. *Krüsselberg* (1983, S. 61); *Pies* (1996, S. 7); *Hoppmann* (1999, S. 161); *Streit* (1999, S. 97).

9   Zur Problematik dieses Vergleiches siehe *Demsetz* (1969, S. 1 ff.); *Krüsselberg* (1983, S. 61) oder *Pies* (1996, S. 8). *Demsetz* (1969) bezeichnet das Vorgehen der Wohlfahrtsökonomik, eine ideale Norm mit einem bestehenden „unvollkommenen" Zustand zu vergleichen, als „Nirvana-approach". *Pies* (1996, S. 8) spricht in diesem Zusammenhang von „Paradiesvergleichen".

sehbaren Wandel ausgesetzt, so daß die Preise keine objektiven Tatsachen und Informationen sein können (siehe schon *von Mises* 1920/21 und 1922/81 sowie *Streit* 1992, S. 7 ff.). Mit seiner Argumentationsweise läuft dieses die moderne Wirtschaftswissenschaft vielfach noch beherrschende Paradigma Gefahr, allzu leichtfertig eine interventionistische Politik zu unterstützen.[10] Das gilt insbesondere für den Bereich der Wettbewerbspolitik, wo angebliche monopolistische Unvollkommenheiten beseitigt werden sollten oder für den Bereich positiver und negativer Externalitäten, die mittels staatlicher Interventionen zu korrigieren sind (vgl. hierzu auch *Krüsselberg* 1983, S. 50).

Ein anderer Grund, das Wissensproblem herauszugreifen, ist, daß bei vielen agrarpolitischen Akteuren in Rußland und ihren wissenschaftlichen Beratern, die nach wie vor mehrheitlich stark vom alten System geprägt sind, ein mangelndes Wissen über die Funktionsweise des komplexen marktwirtschaftlichen Systems zu beobachten ist. Gleichzeitig ist der Irrglaube weit verbreitet, komplexe soziale Phänomene vollständig verstehen und jederzeit wunschgemäß verändern zu können. *Hayek* (1982/96) bezeichnet dies als „überschätzte Vernunft"[11] (vgl. auch *Streit* 2002, S. 25 f.). Dieser Irrglaube und das mangelnde Verständnis der Funktionsweise einer Marktwirtschaft sind jedoch nicht allein in Transformationsökonomien wie Rußland, die nur wenig Erfahrung mit einem marktwirtschaftlichen System haben, sondern zunehmend auch in etablierten westlichen Marktwirtschaften festzustellen. Im Bereich der praktischen Wirtschaftspolitik zeigt sich dies insbesondere in Marktwirtschaften mit wohlfahrtsstaatlicher Ausprägung wie etwa in Frankreich oder der Bundesrepublik Deutschland. Nicht nur die Agrarpolitik, sondern auch die allgemeine Wirtschaftspolitik läßt sich dort immer weniger von festen marktwirtschaftlichen Grundsätzen leiten, sondern von tagesaktuellen Zweckmäßigkeitserwägungen, was sich in einem Aktionismus ohne klar erkennbare Perspektiven und Ziele äußert (*Streit* 2000a, S. 10 ff.; *Streit* 2002, S. 21).[12]

---

10 Vgl. *Krüsselberg* (1983, S. 61); *Pies* (1996, S. 7); *Hoppmann* (1999, S. 161); *Streit* (1999, S. 97).

11 Die Mehrzahl der agrarökonomischen Forschungsinstitute gehört der Russischen Akademie der Landwirtschaftswissenschaften an. Die meisten Mitglieder des Führungsgremiums gehören der Kommunistischen Partei an und stehen einer den Marktkräften überlassenen Agrarwirtschaft ausgesprochen skeptisch gegenüber. Da die Akademie die ihr angeschlossenen Institute finanziert, kann sie deren wissenschaftliche Arbeit und die agrarpolitischen Schlußfolgerungen beeinflussen. Besonders groß ist der Einfluß einiger dieser Forschungsinstitute auf die praktische Agrarpolitik auf regionaler Ebene. Nur einige wenige unabhängige agrarökonomische Forschungsinstitute, wie das „Institute of Agrarian Issue and Informational Science" oder die agrarökonomische Abteilung des Gaidar Institutes for the Economy in Transition (IET), vertreten dezidiert liberale Positionen. Allerdings gilt deren Einfluß in der agrarökonomischen Szene als gering (vgl. dazu ausführlicher *Serova* 2001, S. 305 f.).

12 Neben dem mangelnden Wissen über die Funktionsfähigkeit eines marktwirtschaftlichen Systems spielen natürlich auch polit-ökonomische Gründe eine bedeutende Rolle, die mit der Public Choice-Theorie erklärt werden können. Danach sind die wirtschaftspolitischen Akteure bestrebt so zu handeln, daß ihre Chancen auf Wiederwahl verbessert werden. Dies ist in der Regel dann der Fall, wenn sie organisierten Interessengruppen Privilegien einräumen, z.B. in Form von gezielten Subventionen, Steuererleichterungen oder wettbewerbshemmenden Regulierungen (vgl. ausführlicher dazu z.B. *Streit* 2000a, S. 10 ff.; *Streit* 2002, S. 25 sowie *Hayek* 1981, S. 138 f.).

Im weiteren erläutert der Beitrag zunächst näher das Wissensproblem, wie es *Hayek* versteht (Abschnitt 2). Anschließend wird gezeigt, welche Handlungsmöglichkeiten sich daraus für die Wirtschaftspolitik im allgemeinen und die Agrarpolitik im besonderen ergeben (Abschnitt 3). Bevor die Agrarpolitik unter *Vladimir Putin* analysiert wird, ist es zum besseren Verständnis und zur besseren Einordnung der agrarpolitischen Entwicklungen unter dem amtierenden Präsidenten zweckmäßig, zwei Vorarbeiten zu machen. Zunächst werden in Abschnitt 4 die ordnenden Kräfte dargestellt, die maßgeblich die Ausgestaltung der Agrarpolitik im post-sowjetischen Rußland beeinflussen. Anschließend folgt in Abschnitt 5 ein kurzer Überblick über die Agrarpolitik in der *Jelzin*-Ära. Abschnitt 6 bewertet dann vor dem Hintergrund des Wissensproblems und den daraus folgenden wirtschaftspolitischen Implikationen die beabsichtigten und bislang realisierten agrarpolitischen Maßnahmen der Regierung *Putin*. Zum Schluß (Abschnitt 7) wird, ausgehend von den wichtigsten Ergebnissen der Analyse der gegenwärtigen Agrarpolitik, ein Ausblick auf die zukünftige Entwicklung der russischen Agrarverfassung unter *Putin* versucht.

2. Das Wissensproblem

Viele Menschen scheinen ein recht klares Wissen darüber zu haben, was für die Gesellschaft im allgemeinen und für die Volkswirtschaft und ihrer einzelnen Sektoren im besonderen „gut" ist. Das gilt nicht nur für den berühmten „Mann auf der Straße", sondern auch für viele Intellektuelle und Prominente, die in den Massenmedien zu Wort kommen. Auch Politiker scheinen an ihrem Wissen keine Zweifel zu haben, wenn sie ununterbrochen Handlungsbedarf feststellen. Die Frage ist, woher diese Leute eigentlich ihr Wissen zu den entsprechenden Sachverhalten haben. Der Nobelpreisträger für Wirtschaftswissenschaften von 1974, *Friedrich August von Hayek*, war einer der wenigen, die immer wieder betont haben, daß das Wissen des Menschen im Bereich hochgradig komplexer Erscheinungen wie dem einer entwickelten arbeitsteiligen Volkswirtschaft begrenzt ist. Die adäquate Bewältigung dieser Unwissenheit hielt er für ein gesellschaftliches Zentralproblem. Ganz allgemein bezieht sich die Begrenztheit dieses Wissens im Bereich des menschlichen Zusammenlebens nicht nur auf die Umstände, die das Handeln des Menschen bestimmen, sondern auch auf die Aktionen und Reaktionen anderer Menschen. Da diese Unwissenheit permanent und unheilbar ist, bezeichnet *Hayek* (1967/94, S. 171) sie als „konstitutionelle Unwissenheit". Mit Blick auf die Volkswirtschaft stellt sich das Wissensproblem wie folgt dar: In einer Volkswirtschaft ist die Zahl der wirkenden Einflußgrößen so groß und ihre Verflechtung derartig komplex, daß das Wissen um deren Auftreten und jeweilige konkrete Ausprägung und Größe niemals auch nur annähernd erworben werden kann. Das gilt zum einen für das einzelne Wirtschaftssubjekt. Dieses ist nicht in der Lage, vollständige Kenntnis über sämtliche wirtschaftsrelevanten Umstände in Raum und Zeit zu erwerben. Das Wissen um die wirtschaftsrelevanten Umstände ist in einer Volkswirtschaft vielmehr auf die verschiedenen Wirtschaftssubjekte verteilt. Ein Wirtschaftssubjekt hat Kenntnis über einen Umstand, ein anderes über einen anderen. Die Frage ist, wie von diesem subjektiven, nicht zentralisierbaren Wissen der Individuen in einer Gesellschaft Gebrauch gemacht werden kann. Nach *Hayek* (1967/94, S.167) geschieht dies durch den Wettbewerb in seiner Funktion als Entdeckungsverfahren (vgl. hierzu auch *Hayek* 1968/94b, S. 249 ff.) und als Antriebskraft in der durch freiwillige Markttransaktionen gekennzeichneten spontanen Ordnung des Marktes. Der Wettbewerb liefert die notwendigen Anreize, immer wieder neues Wissen zu erwerben sowie persönliche Fähigkeiten zu entwickeln und einzusetzen. Wichtige Informationen werden durch Änderungen in der Struktur der relativen Preise sozusagen „in kodierter Form" (*Hayek* 1976, S. 117) anderen Marktteilnehmern mitgeteilt. Der Wettbewerb bewirkt somit gleichzeitig eine Anpassung der Pläne und Handlungen der einzelnen Wirtschaftssubjekte an zahllose Umstände, „die in ihrer Gesamtheit keiner Person oder Behörde bekannt sind oder bekannt sein können", so daß „daher diese Anpassung nie durch zentrale Lenkung der Wirtschaft hervorgebracht werden kann" (*Hayek* 1962/94, S. 12).

Damit ist auch schon das Wissensproblem für den Wissenschaftler angesprochen, der die Volkswirtschaft von außen betrachtet und Handlungsempfehlungen für die Politik machen möchte. Aufgrund der Komplexität und Offenheit eines marktwirtschaftlichen Systems ist es für ihn ebenfalls unmöglich, alle möglichen Ursachen-Wirkungsbeziehungen vollständig zu kennen. Oftmals ist es nicht einmal möglich, eindeutige Ursache-Wirkungszusammenhänge aufzustellen (*Hayek* 1962/94, S. 12). Ebenso unmöglich ist es, sämtliche Einflußgrößen genau zu spezifizieren und konkrete Ergebnisse der Interaktion der Wirtschaftssubjekte vorauszusagen. Bestenfalls kann der allgemeine Charakter der Ordnung, die sich bilden wird, vorausgesagt werden (*Hayek* 1962/94, S. 9 f.; 1974/96, S. 4 sowie *Streit* 2000a, S. 4). Hayek (1962/94, S. 11) verdeutlicht dieses Problem am Beispiel der Gleichungssysteme der mathematischen Preistheorie:

> „Sie zeigen in eindrucksvoller und wohl im ganzen richtiger Weise, wie das gesamte System der Preise von Gütern und Leistungen von den Wünschen, Mitteln und Kenntnissen aller Einzelpersonen und Unternehmungen bestimmt wird. Aber wie die Begründer dieser Theorie sehr genau wußten und unzweideutig aussprachen, der Zweck dieser Gleichung ist nicht, eine numerische Bestimmung der Preise zu ermöglichen, da es ja, wie *Pareto* sagte, „absurd" wäre, anzunehmen, daß wir die erforderlichen Daten je alle feststellen könnten."

Die einzelnen Preise hängen vor allem von den Bedürfnissen und Kenntnissen aller am Wirtschaftsprozeß teilnehmenden Personen ab. Diese alle zu kennen, ist für den beobachtenden Ökonomen schlicht unmöglich. Deshalb können nur der allgemeine Charakter der Ordnung, aber nicht ihre Details vorausgesagt werden. Übertragen auf den Bereich der Wirtschaftspolitik bedeutet dies, daß die Wirtschaftswissenschaftler zu wenig über die konkreten Wirkungen bestimmter wirtschaftspolitischer Maßnahmen sagen können, weil es infolge der Interdependenz aller Wirtschaftsvorgänge unmöglich ist, die dazu erforderlichen „Details der gesamten Wirtschaft – nicht nur unseres Landes, sondern der ganzen Welt – überblicken" zu können (*Hayek* 1962/94, S. 12). Längerfristig können immer Ereignisse eintreten, die man nicht voraussehen konnte und die man auch nicht gewünscht hat. Die Erfahrung insbesondere mit der Agrarpolitik der EU zeigt, daß, um die unvorhergesehenen Ergebnisse dann zu korrigieren, neue Eingriffe „gezielt" getätigt werden, was zu einer endlosen Interventionsspirale geführt hat.

3. Handlungsmöglichkeiten der Wirtschafts- und Agrarpolitik und das Wissensproblem

Ist es das Ziel, marktwirtschaftliche Verhältnisse in einer Volkswirtschaft zu etablieren, dann sollte sich aufgrund des geschilderten Problems der konstitutionellen Unwissenheit die Wirtschafts- und Agrarpolitik darauf beschränken, „die Bedingungen zu schaffen, unter denen sie [die Marktwirtschaft; Anm. d. Verf.] so gut wie möglich funktionieren wird" (*Hayek* 1962/94, S. 13). Sie darf aber nicht ihre Aufgabe darin sehen, die einzelnen Tätigkeiten bewußt zu beeinflussen oder zu lenken. Unter „Bedingungen" versteht *Hayek* die Schaffung eines „Rahmenwerkes", „innerhalb dessen der einzelne nicht nur frei entscheiden kann, sondern seine auf Ausnützung seiner persönlichen Kenntnisse gegründete Entscheidung soviel wie möglich zum Gesamterfolg beitragen wird" (*Hayek* 1962/94, S. 13). Dieses „Rahmenwerk" besteht vornehmlich aus Regeln, also Institutionen. Dabei hat der Staat darauf zu achten, daß es sich bei den aufgestellten Regeln im wesentlichen nur um Verbote handelt und nicht um Anordnungen, etwas Bestimmtes zu tun, weil nur so die Entdeckung und Nutzung neuartiger Handlungsweisen möglich bleibt (*Hayek* 1991, S. 183). Darüber hinaus müssen diese Regeln allgemein, d.h. „auf eine unbekannte und unbestimmte Anzahl von Personen und Fällen anwendbar" sein (*Hayek* 1986, S. 73). Und schließlich müssen die Regeln dauerhafte Geltung besitzen, so daß die Akteure sichere Erwartungen darüber bilden können, mit welchen Handlungen sie auf jeden Fall nicht zu rechnen haben (*Hayek* 1986, S. 270 f.).

Allerdings reichen diese Bedingungen für ein richtiges Funktionieren des Marktes nach *Hayek* (1991, S. 294) nicht aus. Dieses ist dadurch gekennzeichnet, daß eine wirkungsvolle Anpassung der verschiedenen Tätigkeiten gemäß den relativen Preisen stattfindet. Es müssen außerdem bestimmte Mindestanforderungen erfüllt sein, nämlich „die Verhütung von Gewalt und Betrug, der Schutz des Eigentums und die Erzwingung von Verträgen, und die Anerkennung gleicher Rechte für alle Individuen, in beliebigen Mengen zu erzeugen und zu beliebig festgesetzten Preisen zu verkaufen" (*Hayek* 1991, S. 294).

Neben der Durchsetzung dieser sogenannten „allgemeinen Verhaltensregeln" kann der Staat weitere Aufgaben übernehmen, die zwar nicht unbedingt erforderlich, aber doch wünschenswert sind, weil sie „einen günstigen Rahmen für individuelle Entscheidungen schaffen". Damit ist im wesentlichen die Bereitstellung von öffentlichen Gütern gemeint. Hierzu zählt in erster Linie die Einführung eines verläßlichen und funktionsfähigen Geldsystems, des weiteren „die Normierung von Gewicht und Maßen; die Bereitstellung von Informationen durch Vermessung, Grundbücher, Statistiken usw., die Unterstützung, wenn auch nicht notwendig die Organisation, irgend einer Schulerziehung", sanitäre Maßnahmen und der Gesundheitsdienst sowie der Bau und die Erhaltung von Straßen (*Hayek* 1991, S. 288 f.).

Für den Agrarsektor betont *Hayek* (1991, S. 450) die Bedeutung der Bereitstellung von öffentlichen Dienstleistungen insbesondere in Form von Informationen für die unternehmerische Entscheidungsfindung, „die zumindest in gewissen Stadien der Entwicklung nicht leicht auf andere Weise geboten werden kann, obwohl sich auch hier die Regierung nie die ausschließlichen Rechte anmaßen soll, sondern lieber die Entwicklung freiwilliger Bemühungen fördern sollte, die mit der Zeit diese Funktionen übernehmen können". In diesem Zusammenhang verweist *Hayek* (1991, S. 451 f.) vor allem auf die Verbreitung von Wissen über technische Fortschritte:

„Wir haben alle ein Interesse daran, daß unsere Mitbürger in die Lage versetzt werden, klug wählen zu können, und wenn manche sich der Möglichkeiten, die die technische Entwicklung bietet, noch nicht bewußt sind, kann eine verhältnismäßig kleine Auslage oft genügen, die Einzelnen anzuregen, von neuen Möglichkeiten Gebrauch zu machen und dann mit eigener Initiative weitere Fortschritte zu machen. Wiederum sollte nicht die Regierung die einzige Informationsquelle sein und es in ihrer Gewalt haben, zu entscheiden, was der Einzelne wissen soll und was nicht. Es ist auch möglich, daß eine zu große Aktivität von Seiten der Regierung Schaden tut, indem sie das Entstehen wirksamer Formen freiwilligen Bemühens verhindert."

Diese Zurückhaltung des Staates im Bereich der Agrarpolitik wird auch von den meisten deutschen Agrarökonomen geteilt und gefordert. Sie treten ebenfalls dafür ein, daß der Staat sich weitgehend auf die Gestaltung der ordnungspolitischen Rahmenbedingungen beschränkt.[13]

Allerdings sieht ein großer Teil der Agrarökonomen, die mehrheitlich in der neoklassischen Wohlfahrtsökonomik verwurzelt sind, einen größeren Handlungsbedarf des Staates im Agrarbereich als dies bei *Hayek* der Fall ist. Unter Verweis auf mögliches Marktversagen werden weitergehende korrigierende Eingriffe des Staates nicht ausgeschlossen. Neben externen Effekten im Bereich der Umwelt wird dabei häufig auf die ungleiche Verteilung von Marktmacht zwischen der polypolistisch strukturierten Landwirtschaft und den ihr vor- und nachgelagerten Bereichen mit eher oligopolistischen Marktstrukturen verwiesen sowie auf eine angeblich zu geringe Faktormobilität im Agrarsektor.[14] Um die ökologische Zielvorstellung zu verwirklichen, fordert etwa *Priebe* (1985, S. 244) Bewirtschaftungsbeihilfen zur Vergütung ökologischer Leistungen in Ergänzung zu einer ansonsten marktorientierten Agrarpolitik.

Zur Lösung des Problems der Marktmacht werden Maßnahmen zur Verbesserung der Marktstruktur in der Landwirtschaft, z.B. durch die Förderung von landwirtschaftlichen Erzeugergemeinschaften mit staatlichen Beihilfen durchaus als angebracht betrachtet, um eine Gegenmacht zu den oligopolistischen Strukturen in den vor- und nachgelagerten Bereichen zu schaffen (*Henrichsmeyer* und *Witzke* 1994, S. 340).

Mit der „zu" geringen Faktormobilität ist gemeint, daß viele Landwirte nicht schnell genug ausscheiden, wenn die Erwerbschancen außerhalb der Landwirtschaft günstiger sind. Als Ursachen hierfür werden die ausgeprägten Präferenzen für eine landwirtschaftliche Tätigkeit und das Landleben, die eingeschränkten Verwendungsmöglichkeiten landwirtschaftlicher Fertigkeiten in anderen Wirtschaftszweigen und die geringen alternativen Einsatzmöglichkeiten der landwirtschaftlichen Kapitalgüter gesehen.[15] In

---

13 Vgl. z.B. *Schmitt* (1972); *Henrichsmeyer* und *Witzke* (1994, S. 22 ff. und S. 338 ff.); *Koester* (1995 und 1997); *Schmitt* und *Burose* (1995).

14 Vgl. *Schmitt* (1972, S. 330 ff.); *Bartling* (1984, S. 26 ff.); *Priebe* (1985, S. 25 ff. und S. 242 ff.); *Henrichsmeyer* und *Witzke* (1994, S. S. 340); *Koester* (1997, S. 347 ff.).

15 Vgl. z.B. *Schmitt* (1972, S. 339); *Bartling* (1984, S. 19 ff.); *Henrichsmeyer* und *Witzke* (1991, S. 384); *Koester* (1997, S. 347 f.).

diesem Zusammenhang wird nun gefordert, daß der Staat mit mobilitätsfördernden Maßnahmen im Rahmen einer Agrarstrukturpolitik den Strukturwandel beschleunigen soll, um eine am Ideal vollständigen Wettbewerbs gemessene gesamtwirtschaftlich optimale Faktorallokation herbeizuführen.[16] Auch *Hayek* (1991, S. 446) gibt zu, daß sowohl „die Natur ihres Arbeitsvorgangs als auch der Charakter der Produzenten sie in ihrer Anpassung an Veränderungen besonders schwerfällig macht". Fraglich ist jedoch, ob mit Maßnahmen Abhilfe geschaffen werden kann, die über die Bereitstellung von mehr Informationen, beispielsweise über alternative Beschäftigungsmöglichkeiten, hinausgehen.[17] Zum einen käme es einer Anmaßung von Wissen gleich, wenn Ökonomen glauben vorhersagen zu können, wie viele Betriebe wann aus einem Sektor ausscheiden sollten, damit eine effiziente Faktorallokation aus wohlfahrtsökonomischer Sicht erreicht wird. Wo die Faktoren ihre optimale Verwendung finden und wie schnell die entsprechende Reallokation der Faktoren stattzufinden hat, ist Wissen, das erst durch den Wettbewerbsprozeß entdeckt wird und niemandem im voraus bekannt sein kann. Von daher ist beispielsweise auch eine gezielte Förderung von Umschulungen problematisch, da der Staat die genauen beruflichen Qualifikationen, die gefragt sein werden, nicht kennt (vgl. auch *Feldmann* 2002, S. 3). Zum zweiten gehört es zur Entscheidungs- und Handlungsfreiheit eines jeden Unternehmers, bei sinkender Faktorentlohnung bewußt Mobilitätsmöglichkeiten nicht wahrzunehmen, wenn er bestimmte Vorzüge der landwirtschaftlichen Tätigkeit wie Selbständigkeit, Naturverbundenheit oder eine hohe Wertschätzung für die landwirtschaftliche Tätigkeit „an sich" höher einschätzt als die Einkommenseinbußen. Sinken die Einkommen aus landwirtschaftlicher Tätigkeit dauerhaft, ist nicht verständlich, warum ein Landwirt trotz des hohen Eigenwerts, den er dem Landleben beimißt, darauf nicht genauso adäquat reagieren sollte, wie Unternehmen in anderen Branchen und seine Tätigkeit langfristig einstellen sollte.

Für die konkrete Ausgestaltung der Agrarpolitik in Rußland würde aus den bisherigen Ausführungen folgen, daß nur solche Maßnahmen in Erwägung zu ziehen wären, die dazu beitragen, daß allgemeine Spielregeln bzw. Rahmenbedingungen gesetzt und eingehalten sowie bereits existierende Rahmenbedingungen weiter verbessert werden. Hierzu wären entsprechende Regelungen über das Bodeneigentum und die Pacht zu zählen. Wie noch gezeigt wird, gelang es in Rußland erst nach dem Regierungsantritt von *Vladimir Putin* in dieser Frage zu einer Lösung zu kommen. Daneben würde auch die Bereitstellung öffentlicher Güter, insbesondere in Form von Informationsdienstleistungen, zum Aufgabengebiet der russischen Agrarpolitik gehören. Ausgeschlossen wären dagegen alle interventionistischen Maßnahmen, die einseitig den Agrarsektor sowie innerhalb des Sektors wiederum bestimmte Unternehmen begünstigen. Diese würden den Widerstand gegen die notwendigen Anpassungen in der Landwirtschaft nur noch verstärken (*Hayek* 1991, S. 446).

---

16 Vgl. u.a. *Schmitt* (1972, S. 339); *Bartling* (1984, S. 27 ff.); *Henrichsmeyer* und *Witzke* (1994, S. 341).

17 *Schmitt* (1972, S. 339) empfiehlt in diesem Zusammenhang direkte agrarstrukturpolitische Maßnahmen wie Landabgaberenten oder Pachtbeihilfen.

4. Die ordnenden Kräfte in der russischen Agrarpolitik

Wirtschafts- und Agrarpolitik wird in demokratischen und pluralistischen Gesellschaftsordnungen von verschiedenen Akteuren gestaltet, die im weiteren auch als ordnende Kräfte bezeichnet werden. Mit *Streit* (2000b, S. 333) kann man dabei zwei Gruppen von Akteuren unterscheiden. Die erste Gruppe umfaßt die Träger der Wirtschafts- und Agrarpolitik, die durch die jeweilige Staatsverfassung über entsprechende Befugnisse verfügen, wirtschaftspolitische Entscheidungen zu treffen und durchzusetzen. Das sind die Exekutive, Legislative und die Verwaltung sowie unter Umständen autonome Träger, wie etwa die Deutsche Bundesbank, die in Deutschland für die Geldpolitik zuständig ist. Bei der zweiten Gruppe von Akteuren handelt es sich um Personen und Gruppierungen, die zwar wirtschaftspolitisch relevante Macht, aber keine gesetzlich legitimierte wirtschaftspolitische Kompetenz haben. Das sind im wesentlichen die in Verbänden organisierten Interessengruppen.

Im planwirtschaftlichen System der ehemaligen Sowjetunion war die einzige maßgebliche ordnende Kraft im Bereich der Wirtschafts- und Agrarpolitik die Kommunistische Partei der Sowjetunion (KPdSU). Sie traf alle wichtigen Entscheidungen, die von ihren Parteiorganisationen in den Sowjetrepubliken, den Regionen und Kommunen umgesetzt wurden. Nach dem Zusammenbruch der Sowjetunion und dem Beginn des demokratischen und marktwirtschaftlichen Transformationsprozesses hat sich diese Situation grundlegend geändert. Ähnlich wie in etablierten marktwirtschaftlichen Ordnungen lassen sich im Rußland der Transformationsperiode folgende ordnenden Kräfte unterscheiden, die maßgeblichen Einfluß auf die Ausgestaltung der Agrarpolitik haben:[18]

- die Exekutive in Gestalt der Zentralregierung in Moskau (Föderationsregierung) und der Regierungen der Föderationssubjekte,
- die Legislative in Form des föderalen Parlaments[19] mit den dort vertretenen politischen Parteien und
- die Interessenvertreter der Agrar- und Ernährungswirtschaft.

Föderationsregierung und Regierungen der Föderationssubjekte

Die Russische Föderation ist ein Staat mit föderalem Staatsaufbau (vgl. Abb.1). Er gliedert sich in 89 Verwaltungseinheiten, die im politischen und wissenschaftlichen Sprachgebrauch allgemein als Föderationssubjekte und vereinfacht als Regionen bezeichnet werden. Im einzelnen setzen sich die 89 Föderationssubjekte der Russischen Föderation aus 21 Republiken, sechs sogenannten Krajs, 49 Gebieten (Oblast'), dem Jüdischen Autonomen Gebiet, zehn Autonomen Kreisen (Okrug) und zwei Städten mit föderalem Rang, Moskau und St. Petersburg, zusammen. Die Republiken wurden nach nicht-russischen Nationalitäten definiert, während die Gebiete in den übrigen, mehr-

---

18 Vgl. *Yanbykh* und *Serova* (2000, S. 1 ff.); *Pleines* (2003, S. 277); *Serova* (2001, S. 295 ff.).

19 Die Regionalparlamente sind oftmals nur Anhängsel der Gouverneure und verfügen über keine weitreichenden Kompetenzen (*Luchterhandt-Michaleva* 2001, S. 118 f.). Deshalb werden sie nicht als ordnende Kräfte der Wirtschafts- und Agrarpolitik ausdrücklich berücksichtigt.

heitlich von Russen bewohnten Teilen des Landes nach rein administrativen Gesichtspunkten gebildet wurden. Gebietseinheiten, in denen kleinere nicht-russische Minderheiten leben, erhalten den Rang eines Autonomen Bezirks. Die „Autonomie" bezieht sich dabei auf die kulturelle und sprachliche Eigenständigkeit der nationalen Minderheiten. Befindet sich in einem Gebiet ein Autonomer Bezirk, so wird dieses Gebiet Kraj genannt (*Schneider* 1997, S. 7). Die Republiken unterscheiden sich von den übrigen Föderationssubjekten hinsichtlich ihres rechtlichen Status und haben eine eigene Verfassung und einen eigenen Präsidenten. Demgegenüber verfügen die anderen Föderationssubjekte nur über ein Statut[20] und werden von einem Gouverneur geleitet. Die Gouverneure wurden bis Ende 2004 direkt vom Volk gewählt. Durch den Präsidentenerlaß vom 27.12.2004 wurde die Direktwahl der Gouverneure abgeschafft. Sie werden ab dem Jahr 2005 vom Präsidenten ernannt (*Forschungsstelle Osteuropa* 2005, S. 18). Die Föderationssubjekte selbst sind wiederum in sog. Rayons (Landkreise) und Kommunen unterteilt. Erstere sind für die lokale Selbstverwaltung in den ländlichen Gebieten und letztere für die in den urbanen Gebieten zuständig. Die Leiter der lokalen Selbstverwaltung (Bürgermeister) werden ebenfalls vom Volk gewählt.

Die Föderationsregierung der Russischen Föderation ist das wichtigste Exekutivorgan der Russischen Föderation. Zu ihr gehören der Ministerpräsident sowie seine Stellvertreter und die Ministerien. Allerdings ist die Föderationsregierung stark vom Präsidenten abhängig, denn er ernennt den Premierminister und die Minister. Außerdem kann der Präsident im Bereich der Wirtschafts- und Agrarpolitik durch Präsidialerlasse („Ukaze") Rechtsnormen setzen. Diese dürfen jedoch bereits bestehenden Gesetzen nicht widersprechen. Damit ist der Handlungsspielraum des Präsidenten auf diesem Gebiet um so geringer, je mehr bereits durch Gesetze geregelt worden ist. Dies war in der *Jelzin*-Ära der Fall. Deshalb besaßen die meisten Erlasse, die Präsident *Jelzin* zu Wirtschaftsfragen unterschrieben hatte, keine weitreichende Gestaltungskraft, sondern beschränkten sich auf Detailfragen, insbesondere im Bereich der Sozialleistungen und Lohnzahlungen für die Bevölkerung (*Pleines* 2003, S. 108).

---

20 Wie in den Verfassungen der Republiken sind in den Statuten der anderen Föderationssubjekte die Rechte und Pflichten der Regionen niedergelegt. Durch die unterschiedliche Bezeichnung wird zum Ausdruck gebracht, daß die Republiken über mehr Kompetenzen verfügen als die restlichen Föderationssubjekte. Dazu gehört unter anderem die Anerkennung der eigenen Staatsbürgerschaft neben der russischen, mehr Rechte bei der Kontrolle über Bodenschätze und andere Naturressourcen, die sich auf dem Gebiet der Republik befinden sowie weitreichende fiskalische Autonomie und das Recht auf selbständige Gestaltung der außenwirtschaftlichen Beziehungen (*Kirkow* 1995, S. 1005; *Schneider* 1997, S. 13).

Abbildung 1: Staatsaufbau der Russischen Föderation

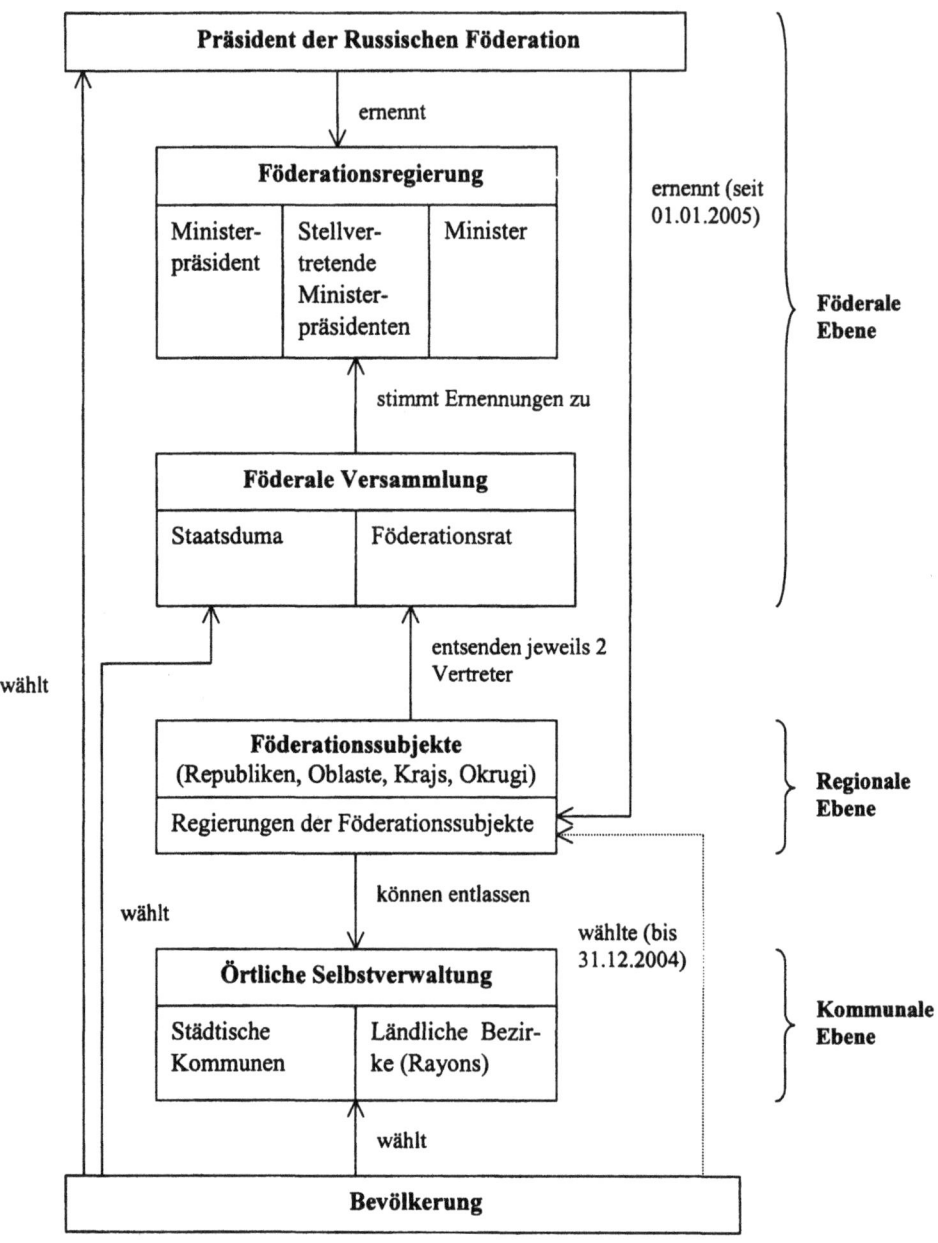

Quelle: Eigene Darstellung.

Die agrarpolitischen Kompetenzen der einzelnen Regierungsebenen zeigt Übersicht 1. Die direkte Zuständigkeit für den Agrar- und Ernährungssektor besitzt in der Föderationsregierung das Ministerium für Landwirtschaft und Ernährung (kurz: Landwirtschaftsministerium). Dieses entwickelt agrarpolitische Programme, die vom Ministerpräsidenten genehmigt werden müssen, und verwaltet die Subventionen für den Agrar- und Ernährungssektor (*Serova* 2001, S. 295; *Pleines* 2003, S. 279).

Neben dem Landwirtschaftsministerium gibt es in der russischen Regierung noch weitere Akteure mit agrarpolitischen Kompetenzen, mit denen das Landwirtschaftsministerium seine Aktivitäten abstimmen muß. Das sind das Wirtschafts- und Handelsministerium und das Finanzministerium mit jeweils eigener Abteilung für Agrarfragen. Mit dem Finanzministerium hat das Landwirtschaftsministerium den Umfang des Agrarhaushaltes auszuhandeln. Hier geht es vor allem um die Höhe der Subventionszahlungen und um Steuererleichterungen für den Agrarsektor. Fragen der Agraraußenhandelspolitik und die Haltung in den Verhandlungen über den WTO-Beitritt Rußlands hat das Landwirtschaftsministerium mit dem Wirtschafts- und Handelsministerium abzustimmen (*Yanbykh* und *Serova* 2000, S. 3). Die Koordination der Ressorts wurde bis zur Reform der Regierungsstruktur am 20. Mai 2004 von den stellvertretenden Ministerpräsidenten übernommen.[21] Seither stimmen sich die Minister direkt ab.

Kennzeichnend für die Regierungszeit des Präsidenten *Jelzin* war, daß die Föderationsregierung in vielen wirtschafts- und agrarpolitischen Fragen in zwei Lager gespalten war. Das eine Lager bestand aus konservativ orientierten Regierungsmitgliedern, die an einer Beibehaltung des Status quo oder höchstens geringfügigen Wirtschaftsreformen interessiert waren. Dem standen reformorientierte Kräfte gegenüber, die marktwirtschaftliche Strukturen anstrebten. Diese zwei Regierungslager waren das Resultat der Entscheidung des Präsidenten *Jelzin*, auch Vertreter der oppositionellen Gruppierungen aus Kommunisten, Agrarpartei und Nationalisten in die Regierung aufzunehmen. Diese hatten nach den Dumawahlen 1993 und 1995 die Mehrheit der Sitze in der Duma errungen. Durch die Ablehnung von Gesetzesvorlagen konnten sie so die Handlungsfähigkeit der Regierung entscheidend behindern. Mit der Vergabe von Ministerposten an Vertreter der Opposition sollte dieser Blockadepolitik entgegengewirkt werden.

Zu den Posten, die an oppositionelle Parteien gingen, gehörten auch das Landwirtschaftsministerium sowie das Amt des stellvertretenden Ministerpräsidenten für Fragen der Landwirtschaft. Mit Ausnahme von *Viktor Chlystun*, der von 1991 bis 1994 und nochmals kurz von 1996 bis April 1998 Landwirtschaftsminister war, bekleideten diese Ämter Vertreter der Agrarpartei Rußlands oder Personen, die dieser Partei zumindest nahe standen. Dies ist auch noch unter *Putin* der Fall (*Yanbykh* und *Serova* 2000, S. 6). Die Agrarpartei vertritt die Interessen der landwirtschaftlichen Großbetriebe und der aus

---

21 Insgesamt gab es fünf stellvertretende Ministerpräsidenten, die jeweils für ein bestimmtes Fachgebiet aus dem Bereich der Wirtschaft verantwortlich waren. Gewöhnlich fiel die Landwirtschaft in den Zuständigkeitsbereich des ersten stellvertretenden Ministerpräsidenten. Damit sollte die nationale Bedeutung des Sektors hervorgehoben werden. Mit der seit Mai 2004 gültigen neuen Regierungsstruktur wurde die Zahl der stellvertretenden Ministerpräsidenten auf einen Stellvertreter ohne spezifischen Fachbereich reduziert.

der sowjetischen Nomenklatura stammenden lokalen Verwaltungsbeamten, die zuständig sind für Agrarfragen auf Rayon- und kommunaler Ebene (*Pleines* 2003, S. 280). Dagegen waren und sind die relevanten Akteure im Wirtschafts- und Finanzministerium eher den reformorientierten Kräften zuzuordnen. Deshalb ergaben sich insbesondere in der *Jelzin*-Zeit oft Konflikte zwischen beiden Regierungslagern, die der Ministerpräsident zu vermitteln suchte.

Übersicht 1: Agrarpolitische Kompetenzen der Exekutivorgane der Russischen Föderation

Exekutivorgan	Kompetenzen
Föderationsregierung	
Landwirtschaftsministerium	– Entwicklung agrarpolitischer Programme
	– Verwaltung und Verteilung der Subventionen
Landwirtschaftsministerium in Zusammenarbeit mit dem Finanzministerium	– Aufstellung des Agrarhaushaltes (Festlegung des Umfangs der Agrarsubventionen und Steuererleichterungen)
Landwirtschaftsministerium in Zusammenarbeit mit dem Wirtschafts- und Handelsministerium	– Abstimmung der Agraraußenhandelspolitik und Verhandlungsstrategie bei den WTO-Verhandlungen
Regierungen der Föderationssubjekte	– Mitgestaltung der föderalen Agrarpolitik durch Präsenz im Föderationsrat
	– Verteilung der föderalen Subventionen
	– Festlegung der ordnungspolitischen Rahmenbedingungen für den regionalen Agrar- und Ernährungssektor innerhalb der von der Verfassung vorgegebenen Grenzen
	– Gewährung weiterer Subventionen aus den regionalen Haushalten
Organe der örtlichen Selbstverwaltung	– Umsetzung der agrarpolitischen Entscheidungen von Föderations- und Regionalregierung auf kommunaler Ebene

Quelle: Eigene Darstellung.

Eine weitere wichtige Rolle in der russischen Agrarpolitik spielen die Regierungen der Föderationssubjekte (*Yanbykh* und *Serova* 2000, S. 11). Sie wirken zum einen über ihre Präsenz im Föderationsrat an der Ausgestaltung der föderalen Agrarpolitik mit, da die föderalen Gesetze der Zustimmung der zweiten Parlamentskammer bedürfen. Zum anderen sind sie für die konkrete Umsetzung der Agrarpolitik in ihrer Region zuständig. Dies betrifft insbesondere die Verteilung der Subventionen aus dem föderalen Haushalt. Darüber hinaus können die Regionalregierungen in gewissem Rahmen eine eigenständige Agrarpolitik verfolgen. Sie haben zum einen die Möglichkeit, über die Gestaltung der ordnungspolitischen Rahmenbedingungen in ihrer Region auf die Entwicklung des Agrarsektors Einfluß zu nehmen. Zum zweiten können sie selbst aus ihrem eigenen Haushalt, sofern entsprechende Mittel vorhanden sind, Agrarsubventionen gewähren.

Parlament und Politische Parteien

Eine weitere ordnende Kraft im Bereich der Wirtschafts- und Agrarpolitik ist das russische Parlament mit den darin vertretenen politischen Parteien. Das russische Parlament besteht aus zwei Kammern, der Staatsduma und dem Föderationsrat. Zusammen bilden sie die Föderale Versammlung. Beide Kammern werden alle vier Jahre neu gewählt. Die Staatsduma ist vergleichbar mit dem Deutschen Bundestag. Der Föderationsrat ist das Vertretungsorgan der 89 Föderationssubjekte der Russischen Föderation und ist vergleichbar mit dem deutschen Bundesrat.

Die Staatsduma hat ca. 450 Abgeordnete, von denen die eine Hälfte über Parteilisten und die andere Hälfte über Direktmandate gewählt wird. Die Duma beschließt die föderalen Gesetze und leitet sie dann an den Präsidenten weiter, der sie zum Inkrafttreten binnen 14 Tagen unterschreiben muß. Ausgearbeitet werden die Gesetzentwürfe in den Ausschüssen. In der Duma von 1993 und 1995 erhielt jede Fraktion den Vorsitz mindestens eines Ausschusses. Dabei übernahmen die Fraktionen in der Regel für ihre politische Klientel besonders relevante Ausschüsse. So stellte die Agrarpartei in der 1993er Duma 21 der insgesamt 26 Mitglieder des Agrarausschusses.

Die Haltung der verschiedenen politischen Parteien, die in der Duma vertreten waren oder noch sind, zu agrarpolitischen Fragen ist recht unterschiedlich. Für die wichtigsten Parteien[22] in der *Jelzin*-Ära und unter *Putin* gibt Übersicht 2 einen Überblick.

Die linksstehenden Parteien wie die KPRF, die Agrarpartei Rußlands (APR) aber auch nationalistische Parteien wie die Partei ‚Macht dem Volke' (Vlast' Narodu) oder Žirinovskijs Liberaldemokratische Partei (LDPR) sowie die ehemalige regierungsnahe Partei der Macht des ehemaligen russischen Ministerpräsidenten unter *Jelzin Viktor Černomyrdin* „Unser Haus Rußland" treten für eine stärkere und aktivere Rolle des Staates bei der Regulierung der russischen Agrar- und Ernährungswirtschaft ein. Demgegenüber plädieren Parteien, die dem liberalen Spektrum zuzuordnen sind (Jabloko, Demokratische Wahl Rußlands bzw. deren Nachfolgepartei „Union rechter Kräfte"), für eine weitgehende Liberalisierung der Agrar- und Ernährungswirtschaft und einen freien Agraraußenhandel (*Yanbykh* und *Serova* 2000, S. 5; *Ognivcev* 2002, S. 406). Allerdings ist der Einfluß dieser Parteien auf die agrarpolitischen Entscheidungsprozesse und deren

---

22 Gut 30 % aller Parteien, die sich bei den Dumawahlen zur Wahl gestellt haben, vertreten überhaupt keine agrarpolitischen Positionen. Allerdings entfielen auf diese nur 6 % aller Wählerstimmen (*Yanbykh* und *Serova* 2000, S. 5).

Rückhalt in der ländlichen, aber auch in der übrigen Bevölkerung gering (*Ognivcev* 2002, S. 406).

Besonders deutlich treten die unterschiedlichen Positionen der einzelnen Parteien in der Frage des Privateigentums an landwirtschaftlich genutztem Grund und Boden zu Tage und der Möglichkeit, Agrarland verkaufen und kaufen zu können. Die restriktivste Haltung dazu vertritt die KPRF. Sie ist nicht nur gegen das Recht, Agrarland verkaufen zu können, sondern sie lehnt auch kategorisch das Privateigentum an Grund und Boden ab, selbst im Fall landwirtschaftlicher Nebenerwerbsbetriebe oder von Datschengrundstücken. Diese Positionen werden selbst vom engsten Verbündeten der KPRF, das ist die Agrarpartei, nicht geteilt. Sie ist für das Privateigentum an Agrarland und befürwortet den Grundstücksverkehr, allerdings mit starken Einschränkungen. Diese Haltung wird auch von der LDPR geteilt, während die liberalen Parteien für einen freien, nicht reglementierten Bodenmarkt eintreten (*Ognivcev* 2002, S. 406).

Die Agrarpartei gilt als die entschiedenste Vertreterin der ökonomischen Interessen der landwirtschaftlichen Großbetriebe (*Serova* 2001, S. 299; *Yanbykh* und *Serova* 2000, S. 6). Ihre Mitglieder stammen hauptsächlich aus der alten sowjetischen Nomenklatura des Agrarsektors. Das sind im wesentlichen die Vorsitzenden bzw. Direktoren der ehemaligen Kolchosen und Sowchosen und Beamte aus dem örtlichen staatlichen Verwaltungsapparat, der zuständig ist für Agrarfragen. Dagegen sind die Interessen der sonstigen Beschäftigten der Großbetriebe, Privatbauern und andere Teile der ländlichen Bevölkerung kaum vertreten.

Die wichtigsten Ziele des Parteiprogramms der APR lassen sich mit folgenden Schlagwörtern umschreiben (*Yanbykh* und *Serova* 2000, S. 6): Wiedergeburt des russischen Dorfes, Schutz der politischen, sozialen und ökonomischen Rechte und Interessen der ländlichen Bevölkerung, Schutz der heimischen Agrarerzeuger und Agrarmärkte, Weiterentwicklung des Agrarsektors auf der Grundlage des gleichberechtigten Nebeneinanders unterschiedlicher Betriebs- und Unternehmensformen in der Landwirtschaft.

In eine Existenzkrise kam die Agrarpartei während des Wahlkampfes zu den Parlamentswahlen 1999. Ein mehr pragmatisch orientierter Flügel unter Führung des Parteivorsitzenden *Lapšin* und des Vizepremiers unter *Primakov*, *Gennadij Kulik*, wollte sich der Wahlvereinigung „Vaterland – Ganz Rußland (Otečestva – Vsja Rossija)" anschließen, die vom ehemaligen Ministerpräsidenten *Primakov* geleitet wurde und die der Regierung und dem Präsidenten nahe stand. Der konservative Flügel unter Leitung des stellvertretenden Parteivorsitzenden *Nikolaj Charitonov* opponierte gegen diese Entscheidung. Er entschloß sich statt dessen, mit einer gemeinsamen Liste der KPRF bei der Wahl anzutreten (*Serova* 2001, S. 299; *Agrarnaja partija Rossii* 2004). Infolgedessen war die Agrarpartei in dieser Duma selbst nicht vertreten. Allerdings bildeten nach der Wahl 43 Abgeordnete unter Leitung von *Charitonov* eine eigene Fraktion, die Gruppe der Agroindustriellen. Sie glaubten so die Interessen der Landwirtschaft besser zur Geltung bringen zu können (*Radio Free Europe/ Radio Liberty* 2004). Bei den nächsten Dumawahlen Ende 2003 trat die Partei wieder mit einer eigenen Liste von der Partei ausgeschlossen worden.

Übersicht 2: Die Positionen der wichtigsten politischen Parteien in der russischen Staatsduma zu ausgewählten agrarpolitischen Fragen

Partei	Führer	Präsenz in der Duma	Existenz eines eigenen agrarpolitischen Programms	Forderung nach einer prioritären Behandlung der Landwirtschaft	Stärkere staatliche Regulierung der Agrar- und Ernährungswirtschaft	Haltung zum Privateigentum an Grund und Boden	Haltung zum Kauf und Verkauf von Agrarland
Kommunistische Partei Rußlands (KPRF)	Gennadij Zjuganov	Seit 1993	+	+	+	-	-
Agrarpartei (APR)	Michail Lapšin	1993-1999, Wahl 2003 2 Direktmandate und Anschluß an die Fraktion der Partei „Edinaja Rossija"	+	+	+	+	Befürwortung nur mit starken Einschränkungen
Liberaldemokratische Partei Rußlands	Vladimir Žirinovskij	Seit 1993	+	+	+	+	Befürwortung nur mit starken Einschränkungen
Macht dem Volk (links gerichtete nationalistische Partei)	Sergij Baburin	1995-1999	+	-	+	Nur für Haushalte, Datschen und Gärten	Nur bei Haushalten, Datschen und Gärten
Unser Haus Rußland (Partei der Macht unter Jelzin)	Viktor Černomyrdin	1995-1999	+	+	+	+	+

Übersicht 2: Fortsetzung

Partei	Führer	Präsenz in der Duma	Existenz eines eigenen agrarpolitischen Programms	Forderung nach einer prioritären Behandlung der Landwirtschaft	Stärkere staatliche Regulierung der Agrar- und Ernährungswirtschaft	Haltung zum Privateigentum an Grund und Boden	Haltung zum Kauf und Verkauf von Agrarland
Jabloko	Grigorij Javlinskij	1993-2003; Wahl 2003 4 Direktmandate, später Anschluß an die Fraktion „Edinaja Rossija"	Erst seit Mitte 1999	-	-	+	+
Demokratische Wahl Rußlands	Egor Gajdar	1993-1995	-	-	-	+	+
Union rechter Kräfte (Sojuz pravych sil, SPS)	Egor Gajdar, Boris Nemcov, Irina Chakamada, Boris Fedorov	1999-2003	+	-	-	+	+
Edinaja Rossija (einheitliches Rußland) (Partei der Macht unter Putin)	Boris Gryzlov	Seit 2003	+	-	Nur im „gemäßigten" Umfang	+	+

Anmerkung: Die Befürwortung der entsprechenden agrarpolitischen Position ist mit einem Pluszeichen gekennzeichnet, die Ablehnung mit einem Minuszeichen.

Quelle: Eigene Darstellung nach *Ogniveev* (2002, S. 404ff.); *Yanbykh* und *Serova* (2002, S. 7) sowie *Radio Free Europe/ Radio Liberty* (2004) und die dort angegebenen Internetseiten der Parteien: http://www.edinros.ru/section.html?rid=2092.

Es handelt sich einmal um *Viktor Charitonov*, der sich der KPRF anschloß, und zum anderen um den Landwirtschaftsminister der Regierung *Putin*, *Aleksej Gordeev*, der gleichzeitig auch den Posten des ersten stellvertretenden Ministerpräsidenten bis zu dessen Abschaffung im Mai 2004 innehatte. Er trat in der Dumawahl im Dezember 2003 für die Partei der Macht „Edinaja Rossija" an.

Der Föderationsrat tritt im Gesetzgebungsprozess als zweite Instanz auf, da die von der Staatsduma beschlossenen föderalen Gesetze der Zustimmung des Rates bedürfen. Die Ablehnung eines Gesetzes durch den Föderationsrat zieht ein Schlichtungsverfahren nach sich. Jede Region entsendet in den Föderationsrat zwei Vertreter. Das sind in der Regel der Regierungschef des Föderationssubjektes (Gouverneure bei Oblasten und Krajs und Präsidenten bei Republiken) und der Vorsitzende der Regionalparlamente. In agrarpolitischen Fragen vertraten Regierungschefs aus Regionen, in denen die Landwirtschaft von zentraler Bedeutung ist[23], weitgehend die gleichen Positionen wie die Agrarpartei oder die KPRF. Dem gegenüber standen reformorientierte Regionalregierungen, die versuchten, marktwirtschaftliche Reformen auch in der Landwirtschaft voranzubringen. Meistens handelt es sich um Föderationssubjekte, in denen Bedeutung der Landwirtschaft für die regionale Wirtschaft von geringerer Bedeutung ist (*Pleines* 2003, S. 283).

Interessenverbände des Agrar- und Ernährungssektors

Im Transformationsprozeß sind in der russischen Agrar- und Ernährungswirtschaft nach und nach Verbände entstanden, die die Interessen ihrer Mitglieder wirtschafts- und agrarpolitisch zur Geltung bringen wollen. Übersicht 3 zeigt die wichtigsten Interessenverbände und ihre Ziele.

Bereits 1990, also noch zu Sowjetzeiten, wurden zwei Verbände gegründet, die die Interessen der landwirtschaftlichen Erzeuger vertreten. Der eine Verband war die Agrarunion (Agrarnyj sojuz). Sie vertrat die Interessen der sog. „roten" Direktoren gegenüber der Regierung. Allerdings verlor dieser Verband seine politische Bedeutung, als 1993 die Agrarpartei gegründet wurde. Die Agrarunion hat dieser Partei nach und nach die meisten politischen Funktionen übertragen. Da zudem die Satzung der Agrarunion dem neuen russischen Verbandsrecht von 1995 widersprach, wurde 1997 als Nachfolgeorganisation die Russische Agroindustrielle Union (RosAgroPromSojuz) gegründet. Wie die Agrarunion repräsentiert sie hauptsächlich die landwirtschaftlichen Großbetriebe und nur zu einem geringen Teil die Interessen von privaten Landwirten sowie der vor- und nachgelagerten Bereiche der Landwirtschaft. Vorsitzender des neuen Verbandes wurde der Gouverneur des Oblastes Tula, *Vassilij Starodubcev*, der zugleich Mitglied des Agrarausschusses des Föderationsrates war. Gemäß ihrer Satzung verfolgt die Russische Agroindustrielle Union vor allem die folgenden Ziele (*Yanbykh* und *Serova* 2000, S. 8):

---

23 Diese Regionen liegen insbesondere im Zentralen Schwarzerdegebiet Rußlands, im Nordkaukasus, in der südwestlichen Uralregion und Sibirien.

Übersicht 3: Interessenverbände in der russischen Agrar- und Ernährungswirtschaft

Verband	Klientel	Ziele
Agrarunion (bis 1997), Russische Agroindustrielle Union (RosAgro-PromSojuz) (seit 1997)	Landwirtschaftliche Großbetriebe (ehemalige Kolchosen und Sowchosen)	– Verbesserung der wirtschaftlichen, sozialen und rechtlichen Rahmenbedingungen des Agrarsektors – Entwicklung von Finanzdienstleistungen für die Agrar- und Ernährungswirtschaft – Durchsetzung der Preisparität zwischen Landwirtschaft und anderen Wirtschaftszweigen sowie von Steuervergünstigungen – Förderung der wissenschaftlichen Unterstützung der Agrar- und Ernährungswirtschaft
AKKOR (Assoziationen der Bauernwirtschaften und landwirtschaftlichen Genossenschaften Rußlands)	Private Bauernwirtschaften	– liberale, marktorientierte Agrarpolitik, die die Rechte und Freiheit der Privatbauern schützt – Schutz des Privateigentums an Grund und Boden – Zulassung eines liberalen Bodenmarktes
Getreideunion	Verarbeitungs- und Handelsunternehmen aus der Getreidewirtschaft	– Staatliche Regulierung des Getreidemarktes – Versorgung der Mitglieder mit Marktinformationen
Zuckerunion	Verarbeitungs- und Handelsunternehmen der Zuckerwirtschaft	– Staatliche Regulierung des Zuckermarktes – Stärkerer Außenschutz
Fleischunion	Fleischverarbeiter und Handelsunternehmen	– Stärkerer Außenschutz gegenüber bereits verarbeiteten Fleischprodukten – Moderater Außenschutz bei Rohfleisch – Verbesserung der Marktinfrastruktur
Exportunion	Große russische Lebensmittelunternehmen	– Exportförderung

Quelle: Eigene Darstellung.

- die Verbesserung der wirtschaftlichen, sozialen und rechtlichen Bedingungen, um eine „erfolgreiche Entwicklung des Agrarsektors zu fördern",
- die Entwicklung von Finanzdienstleistungen für die Agrar- und Ernährungswirtschaft,
- die Durchsetzung der Preisparität zwischen Landwirtschaft und anderen Wirtschaftszweigen sowie von Steuervergünstigungen und
- die Förderung der wissenschaftlichen Unterstützung der Agrar- und Ernährungswirtschaft.

Neben der Agrarunion bzw. ihrer Nachfolgeorganisation RosAgroPromSojuz als Interessenvertreter der ehemaligen Staats- und Kollektivbetriebe gründeten die neu entstandenen privaten Bauernwirtschaften ebenfalls einen Interessenverband mit der Bezeichnung AKKOR (= Associacija krest'janskich (fermerskich) chozjajstv i sel'skochozjajstvennych kooperativov Rossii, dt.: Assoziationen der Bauernwirtschaften und landwirtschaftlichen Genossenschaften Rußlands). Der Verband wird geleitet von *Vladimir Bašmachnikov* und tritt für eine liberale, marktorientierte Agrarpolitik und Privateigentum an Grund und Boden ein. Damit vertritt er in den meisten zentralen Fragen eine Position, die der von RosAgroPromSojuz widerspricht. Allerdings war und ist der politische Einfluß von AKKOR vergleichsweise gering, da die Zahl und Bedeutung der privaten Bauernwirtschaft in der russischen Landwirtschaft gering ist (*Yanbykh* und *Serova* 2000, S. 9; *Pleines* 2003, S. 279). Die Zahl der Bauernwirtschaften erreichte ihren Höhepunkt im Jahr 1995 mit 280 000 Betrieben. Seither nahm sie bis 2003 leicht aber kontinuierlich auf 264.000 private Bauernwirtschaften ab. Insgesamt entfallen auf diese Betriebsform nur 6 % der landwirtschaftlichen Nutzfläche und lediglich 2 % der gesamten landwirtschaftlichen Produktion (*Goskomstat Rossii* 2003, S. 408; *Agra-Europe* 8/04, 23.02.2004, Länderberichte 25+26).[24]

Im Zuge der Privatisierung der Ernährungsindustrie sind gegen Mitte der 1990er Jahre die ersten Branchenverbände dieses Wirtschaftszweiges entstanden. Der erste war die Getreideunion, die schon 1994 gegründet worden war. Gründungsmitglieder waren das aus der ehemals staatlichen föderalen Getreideaufkaufsorganisation hervorgegangene Getreidehandelsunternehmen Roschleboprodukt, daß Exporthandelsunternehmen Eksportchleb sowie die Handelsunternehmen Mosolchleboprodukt und OGO sowie die Russische Getreidebörse. Das Ziel des Verbandes ist es, mit der Regierung zusammenzuarbeiten, um eine stärkere staatliche Regulierung der Preise und des Außenhandels auf dem Getreidemarkt zu erreichen. Weiter sollen die Mitglieder mit aktuellen Informationen, insbesondere über Preis- und Produktionsentwicklungen im In- und Ausland

---

24 Genaue und konsistente Zahlen zur Anzahl der landwirtschaftlichen Betriebe in Rußland insgesamt und deren Aufteilung auf einzelne landwirtschaftliche Betriebsformen gibt es nicht. Das russische Statistikamt *Goskomstat* (2003, S. 396 f.) unterscheidet zwar drei Kategorien von Betriebsformen: landwirtschaftliche Organisationen, private Bauernwirtschaften und persönliche Nebenwirtschaften. Zu den landwirtschaftlichen Organisationen werden Unternehmen in der Rechtsform juristischer Personen gezählt, inklusive Versuchsstationen. Erfaßt werden jedoch nur große und mittelgroße, nicht jedoch kleine landwirtschaftliche Unternehmen, wobei eine genaue Größenabgrenzung im Statistischen Jahrbuch nicht vorgenommen wird.

sowie über Außenhandelsbestimmungen versorgt werden (*Yanbykh* und *Serova* 2000, S. 6; *Serova* 2001, S. 303).

Zwei Jahre später wurde mit der Zuckerunion ein weiterer wichtiger Branchenverband gegründet. Die Gründungsmitglieder waren die Zuckerunternehmen Russische Zuckergesellschaft mit beschränkter Haftung (OOO Russkaja sacharnaja kompanija) sowie die Aktiengesellschaften Lipeck Sachar, Tula Sachar, RosSachar und Alfa-Eco. Auch dieser Verband versucht, die Agrarpolitik der Regierung dahingehend zu beeinflussen, daß der Zuckermarkt nach dem Vorbild der Zuckermarktordnung der EU bevorzugt reguliert wird und insbesondere die heimischen Erzeuger von Zucker vor ausländischer Konkurrenz geschützt werden.

Ähnlich ist das Anliegen der 1998 ins Leben gerufenen Fleischunion. Dieser Verband wurde auf Initiative des Komitees zum Schutz des Fleischmarktes vor ausländischer Konkurrenz unter der Ägide der Russischen Industrie- und Handelskammer sowie der Vereinigung der Fleischverarbeiter, der Veterinärvereinigung und der großen Verarbeitungs- und Handelsunternehmen „Rosmjasomoltorg", „Rosmjasomolprom", „Čerkizovskij" (alle Moskau) und „Samson" (St. Petersburg) gegründet. Die Union sieht ihre Hauptaufgaben darin, „günstige" Geschäftsbedingungen für die heimischen Fleischerzeuger und -verarbeiter zu schaffen, die Infrastruktur für den Fleischmarkt weiterzuentwickeln und „skrupellosen Wettbewerb" zwischen einheimischen und ausländischen Wettbewerbern zu bekämpfen. Ihre Anstrengungen richten sich hauptsächlich darauf, den Außenschutz für die Fleischverarbeiter „günstig" zu gestalten, d.h. relativ niedrige Importzölle für dringend benötigtes Rohfleisch zur Verarbeitung und einen höheren Außenschutz gegenüber verarbeiteten Fleischprodukten durchzusetzen (*Yanbykh* und *Serova* 2000, S. 10).

Neben diesen Branchenverbänden aus dem nachgelagerten Bereich der Landwirtschaft, die bislang als am einflußreichsten gelten, sind in der Folgezeit weitere Verbände gegründet worden. Dazu gehören z.B. die Vereinigungen der Tee- und Bierproduzenten. Ende 1999 wurde von einigen größeren Lebensmittelkonzernen außerdem die Export Union ins Leben gerufen, um den Export von russischen Nahrungsmitteln ins Ausland durch den Abbau von Exporthindernissen zu fördern. Zu den bekanntesten Gründern zählen Wimm Bill Dann (Milchprodukte und Saftproduktion), das Handelshaus der Nachfolger von Smirnoff (ZAO „Torgovyj dom potomkov P.A. Smirnova") und „Krystal" (alkoholische Getränke). Insbesondere die beiden letztgenannten Unternehmen sehen Exportzölle als Haupthindernis für den Export (*Serova* 2001, S. 204). Exportzölle werden seit Transformationsbeginn für Fisch und Fischprodukte sowie alkoholische Getränke erhoben, vornehmlich aus fiskalischen Gründen. Aus Angst vor einer Unterversorgung wurde im Jahr 1999 darüber hinaus der Export von Ölpflanzensaatgut durch die Einführung von Zöllen erschwert. Zuletzt wurde aus gleichem Grund nach der schlechten Ernte 2003 die Ausfuhr von Getreide zwischen Januar und Mai 2004 durch Exportzölle beschränkt. Die Zollsätze für die genannten Produkte bewegen sich zwischen 15 und 20 % des inländischen Preises. Die Exportunion will darauf hinwirken, daß die Exportzölle abgebaut werden und die Regierung die Exporttätigkeit durch weitere nicht näher konkretisierte Fördermaßnahmen unterstützt (*Serova* 2004, S. 25).

5. Grundzüge der Agrarpolitik in der Jelzin-Ära

In der Amtszeit des ersten Präsidenten der Russischen Föderation, *Boris Jelzin*, wurde mit Einleitung des Transformationsprozesses im Jahre 1992 die Unterstützung des Agrar- und Ernährungssektors durch die Föderationsregierung stark reduziert. Die Preise wurden freigegeben und der Außenhandel teilweise liberalisiert, die direkten Subventionen aus dem Staatshaushalt drastisch abgebaut. Der Anteil der Ausgaben für die Landwirtschaft an den Gesamtausgaben des konsolidierten Budgets der Russischen Föderation (= Zusammenfassung des Haushalts der Zentralregierung und der Haushalte der Regionen) sank in der *Jelzin*-Ära kontinuierlich von 13 % im Jahre 1992 über 3,8 % 1995 bis auf 2,7 % 1999 (*Šik* 2002, S. 12). Ein Teil von diesen Ausgaben (zwischen 20 bis 50 %) war dabei für die Verwaltung, die für die Umsetzung agrarpolitischer Maßnahmen auf lokaler Ebene verantwortlich ist, und für Maßnahmen zur Bodenerhaltung und -melioration vorgesehen. Der Rest diente der direkten finanziellen Unterstützung der landwirtschaftlichen Erzeuger. Dabei handelte es sich in erster Linie um Beihilfen zum Erwerb landwirtschaftlicher Produktionsmittel und Vorleistungen wie Düngemittel, Futtermittel, Schmier- und Brennstoffe sowie für Saatgut und Zuchttiere. Ein geringerer Teil der Haushaltsmittel diente der Unterstützung von Leasingausgaben für die Landtechnik sowie für die Subventionierung von Kreditzinsen (vgl. ausführlicher dazu *Šik* 2002, S. 28 ff.).

Die russische Regierung griff nach 1993, als mit der außenwirtschaftlichen Öffnung die heimischen Agrarerzeuger unter Wettbewerbsdruck des Auslands gerieten, wieder verstärkt zum Protektionismus. So wurden für die wichtigsten Agrarerzeugnisse Importzölle eingeführt, die sich zwischen 5 % (z.B. für Getreide) bis 30 % (z.B. für Weißzucker) bewegten. Für Zucker wurden Importquoten festgelegt (*Liefert* 2001, S. 285). Im internationalen Vergleich war der russische Außenschutz im Durchschnitt aber immer noch gering. Er belief sich gerade mal auf die Hälfte des Niveaus der OECD-Länder, so daß der Agrar- und Ernährungssektor in dieser Zeit als vergleichsweise offen angesehen werden kann (*Wegren* 2002a, S. 29; *Hishow* 2003, S. 19).

Ein Charakteristikum der Agrarpolitik der *Jelzin*-Ära war, daß agrarpolitische Kompetenzen zunehmend vom Zentrum auf die Regionen verlagert wurden.[25] Dies betraf zum einen die Subventionszahlungen (vgl. *Serova*, 2001, S. 295 ff.). Seit 1993/94 wurden die Subventionen für die Landwirtschaft vom Haushalt der Moskauer Zentralregierung und von den Haushalten der Regionen gemeinsam finanziert. Allerdings hat die föderale Regierung im Laufe des Transformationsprozesses die Subventionszahlungen aus dem föderalen Agrarhaushalt kontinuierlich verringert. Zu Beginn der Transformation stammten noch fast 40 % aller Subventionen für den Agrarsektor aus dem Föderationshaushalt. Dieser Anteil hat sich bis 1999 auf 20 % verringert.[26]

Wie stark die Regionalregierungen den Agrarsektor des betreffenden Föderationssubjektes mit Subventionen aus dem eigenen Haushalt unterstützten und wie stark sie

---

25 Vgl. *Serova* (2001, S. 294 ff.); *Pleines* (2002, S. 276 f.); *Šik* (2002, S. 13).

26 Vgl. *Yanbykh* und *Serova* (2000, S. 11) sowie auch *Pleines* (2003, S. 283); *Šik*, (2002, S. 13).

regulierend eingriffen, unterschied sich von Region zu Region mitunter sehr erheblich (vgl. *Serova*, 2001, S. 294). Während Regionen mit vergleichsweise liberalen Regierungen versuchten, marktwirtschaftliche Elemente in der Landwirtschaft zu stärken,[27] waren starke staatliche Eingriffe insbesondere in den Föderationssubjekten mit Regierungen anzutreffen, die der protektionistischen Agrarlobby nahestanden oder von dieser mitgetragen wurden. Zu dieser Gruppe gehörten vor allem die Regionen mit bedeutender Landwirtschaft. Die Regionalregierungen subventionierten, sofern es die regionalen Haushaltsmittel erlaubten, nicht nur Inputgüter, sondern auch die Produktion, vor allem die Tierproduktion. Darüber hinaus führten die Regierungen dieser Regionen eigene Preisregulierungen ein und beschränkten den interregionalen Handel für landwirtschaftliche Produkte, z.B. durch die Verhängung von Ausfuhrverboten,[28] obwohl solche interregionalen Handelsbeschränkungen durch die russische Verfassung verboten sind. Zum Teil wurde, ebenfalls der Verfassung widersprechend, sogar der private Landbesitz verboten, z.B. in der Republik Baškortostan.[29] Zu erklären ist dies zum einen mit einer grundsätzlich ideologisch begründeten Ablehnung von Privatbesitz an Grund und Boden. Zum anderen kann so leichter der Erhalt der Kollektivbetriebe gesichert werden, in denen nach wie vor vielfach die Grundlage der landwirtschaftlichen Entwicklung gesehen wird (*Wegren* 1997, S. 965).

Während also in den Regionen mitunter stark reglementierend in die Agrar- und Ernährungswirtschaft eingriffen wurde, hielt sich auf föderaler Ebene die Regierung mit Stützungsmaßnahmen zurück. Wie wenig Bedeutung die russische Föderationsregierung der Unterstützung der Landwirtschaft beigemessen hat, kommt auch dadurch zum Ausdruck, daß bis 1999 selbst die im föderalen Haushalt vorgesehenen Subventionen für die Landwirtschaft nie vollständig ausgezahlt wurden (*Gerasin* und *Niktin* 2002, S. 1034 f.). Dies ist vor dem Hintergrund der in den Abschnitten 2 und 3 gemachten Ausführungen gewiß positiv zu bewerten. Gleichzeitig zeigt dies, daß sich der Einfluß der konservativen Agrarlobby auf die Föderationsregierung in der *Jelzin*-Ära offenbar in Grenzen hielt. Zwar stellte die Agrarpartei Rußlands (APR), die zusammen mit der Kommunistischen Partei (KPRF) die Interessen der konservativen Agrarlobby in der Duma vertrat, fast immer den Landwirtschaftsminister. Allerdings gelang es diesem nicht, die an ihn herangetragenen Forderungen nach stärkerer finanzieller Unterstützung des Sektors gegenüber den Akteuren in der Regierung durchzusetzen, bei denen die Kontrolle über die finanziellen Mittel lag. Das waren der Finanzminister und zu einem gewissen Grad auch der Haushaltsausschuß der Duma, die alle nicht in das Netzwerk der konservativen Agrarlobby eingebunden waren.

---

27 So liberalisierte beispielsweise der Oblast Saratov als erste Region den Handel mit landwirtschaftlich genutztem Boden, als es auf föderaler Ebene noch kein entsprechendes Gesetz gab (*Serova* 2001, S. 297).

28 Ende 1999 existierten in 20 Föderationssubjekten Handelshemmnisse für den interregionalen Handel (*Serova* 2001, S. 297).

29 Vgl. *Gusmanov* (2002; S. 118); *Serova* (2001, S. 297 f.) sowie auch *Pleines* (2003, S. 282 ff.).

Im Ergebnis gelang es der russischen Agrarlobby nicht, die staatliche Subventionierung auf das in OECD-Staaten übliche Niveau[30] zu heben (*Pleines* 2003, S. 285). Ebenso wenig war sie in der Lage, auf föderaler Ebene aktiv die ordnungspolitischen Regeln zugunsten einer stärker interventionistischen Agrarpolitik zu verändern, weil sie in den wirtschaftspolitischen Entscheidungsorganen (Exekutive, Duma, Föderationsrat) zu keinem Zeitpunk gleichzeitig die erforderlichen Mehrheiten besaß (*Pleines* 2003, S. 285). Allerdings konnte die Agrarlobby Reformvorhaben, die von marktwirtschaftlich orientierten Politikern in der Duma und in den Regionalregierungen und -parlamenten vorgebracht wurden (wie etwa die Zulassung des Handels mit landwirtschaftlich genutztem Boden) blockieren, weil es ihr gelang, zu jedem beliebigen Zeitpunkt die Sperrminorität in einem der drei genannten wirtschaftspolitischen Entscheidungsorgane zu organisieren (vgl. ausführlicher dazu *Pleines* 2003, S. 283 ff.).

6. Die Agrarpolitik unter Putin

Zu Beginn der Amtszeit von Präsident *Vladimir Putin* wurden die agrarpolitischen Ziele und die beabsichtigten Maßnahmen für die kommenden Jahre in verschiedenen Regierungsprogrammen dargelegt. Diese werden zunächst kurz vorgestellt. Anschließend werden die wichtigsten Ziele und Maßnahmen näher analysiert.

6.1. Die agrarpolitischen Programme

Die grundsätzliche Ausrichtung der Agrarpolitik der russischen Regierung unter Präsident *Putin* ist im langfristigen Reformprogramm „Die grundlegende Ausrichtung der sozio-ökonomischen Entwicklung der Russischen Föderation in langfristiger Perspektive"[31] dargelegt. Dieses Programm wurde zu Beginn der Amtszeit *Putin* unter Leitung von Wirtschaftsminister *German Gref* und mit Beteiligung von Vertretern des Staatsrates der Russischen Föderation, des Ministerrates der Föderationssubjekte und der Akademie der Wissenschaften ausgearbeitet. Das Programm wird oft als „*Gref*-Programm" bezeichnet (*Cherkasov* 2002, S. 89), ist gesamtwirtschaftlich und gesellschaftspolitisch ausgerichtet und zeigt die Aufgaben auf, die in den kommenden 10 Jahren zur weiteren Umgestaltung der russischen Wirtschaft und Gesellschaft für notwendig gehalten werden. Als zentral wird dabei die Schaffung eines „effektiven" Staates bezeichnet. Dieser soll weniger direkt lenkend in die Wirtschaft eingreifen, statt dessen zunehmend auf indirektem Wege über die Ausgestaltung der ordnungspolitischen Rahmenbedingungen den Wirtschaftsprozeß beeinflussen. Im Interesse des „effektiven Staates" soll zum einen das politische System reformiert werden. Gemeint ist die Stärkung der Rechtsordnung, eine Reform der Gerichtsbarkeit sowie der Bürokratie. Zum anderen soll die

---

30 In der *Jelzin*-Ära lag das Subventionsniveau, das mit der Kennzahl des Producer Subsidy Equivalents (PSE) gemessen wurde, bei den OECD-Staaten bei 35 % und in Rußland zwischen 20 und 30 % (*OECD* 1998, S. 27 ff.). Das PSE gibt an, welcher Teil der Einnahmen landwirtschaftlicher Betriebe durch staatliche Maßnahmen (etwa in Form von Subventionen oder Preisstützungen) finanziert wurde.

31 Russ.: „Osnovnye napravlenija social'no-ekonomičeskogo razvitija Rossijskoj Federacii na dolgosročnuju perspektivu", vgl. http://www.economy.gov.ru/program/soderzanie.html.

Wirtschaft modernisiert werden. Hierzu sollen die Rahmenbedingungen für ungehinderte Privatinitiative verbessert und ein unternehmer- und investitionsfreundliches Klima geschaffen werden – durch Deregulierung, Gewährleistung gleicher Wettbewerbschancen für alle Wirtschaftssubjekte, die Garantie legal erworbener Eigentumsrechte und die Schaffung makroökonomischer Stabilität. Für entsprechende Maßnahmen wurde der Zeitraum 2001 bis 2003 veranschlagt. Außerdem sollen als lebenswichtig erachtete strukturbestimmende Bereiche beschleunigt entwickelt werden, etwa die Informations- und Kommunikationstechnologie. Als strategisch wichtige Sektoren werden die Brennstoffindustrie, die Energieversorgung, der Militär-Industrielle Komplex sowie die Agrar- und Ernährungswirtschaft eingestuft. Zu den genannten Sektoren enthält das „Gref-Programm" eigene Kapitel. Die Strukturpolitik soll Schwerpunkt der Wirtschaftspolitik in der zweiten Etappe von 2004 bis 2010 sein.

Der agrarpolitische Teil des „Gref-Progamms" wurde später nochmals in eigenen Dokumenten zusammengefaßt, die sich hinsichtlich der zeitlichen Verwirklichung unterscheiden. Ganz in sowjetischer Tradition wird dabei zwischen einer langfristigen Perspektive mit einem Zeitraum von zehn Jahren und einer mittelfristigen Perspektive von fünf Jahren unterschieden. Das längerfristige Reformprogramm hat den Titel „Die grundlegende Ausrichtung der Agrar- und Ernährungspolitik für die Jahre 2001-2010"[32] (im weiteren kurz „Langfristiges Entwicklungsprogramm" genannt) und das mittelfristige Reformgramm „Programm der sozio-ökonomischen Entwicklung der Russischen Föderation in mittelfristiger Perspektive (2003-2005)"[33] (im weiteren kurz „Mittelfristiges Entwicklungsprogramm" genannt).

Beim Vergleich der drei Dokumente stellt man fest, daß sich ungeachtet der unterschiedlichen zeitlichen Perspektiven, die in den Titeln der Programme zum Ausdruck kommen, tatsächlich die Ziele und Maßnahmen der Agrarpolitik kaum unterscheiden. Weiter fällt auf, daß die Ziele und Maßnahmen völlig unsystematisch aufgezählt sind, gleich einem großen Wunschzettel mit zahlreichen Wiederholungen und Überschneidungen. Häufig wird nicht einmal der Unterschied zwischen Zielen und Maßnahmen klar. So wird sowohl im langfristigen als auch im mittelfristigen Entwicklungsprogramm die Durchführung einer Struktur-, Technologie- und effizienten Außenhandelspolitik als eigenständiges Ziel der Agrarpolitik aufgeführt, obwohl es sich eigentlich um Instrumente handelt, um bestimmte übergeordnete Ziele zu erreichen. Auffallend ist außerdem, daß konkrete Vorschläge für die tatsächliche Umsetzung der Ziele und Maßnahmen in den Dokumenten fast völlig fehlen (vgl. auch *Knabe* 2000, S. 5). Dies erschwert eine detaillierte Bewertung der agrarpolitischen Ziele und Maßnahmen. Gleichwohl lassen sich aus den Programmen und aus der bislang praktizierten Agrarpolitik einige Grundtendenzen erkennen und beurteilen.

---

32 Russisch: „Osnovnye napravlenija agroprodovol'stvennoj politiki na 2001-2010 gody", vgl. http://www.mcx.ru/DOCUMENT/vistgord.html.

33 Russisch: „Programma social'no-ekonomičeskogo razvitija Rossijskoj Federacii na srednosročnuju perspektivu" (2003-2005) gody), vgl. http://www.economy.gov.ru/prog_sotc_razvitiya_2003_2005_m1.html.

Um für die nachfolgende Analyse in das beschriebene zusammenhangslose Sammelsurium von Zielen und Maßnahmen etwas Ordnung zu bringen, wurde versucht, eine einfache eigene Systematisierung vorzunehmen, die in Übersicht 4 dargestellt ist. Gemäß den Anforderungen an wirtschafts- und agrarpolitische Maßnahmen, die in Kapitel 3 vor dem Hintergrund des Wissensproblems abgeleitet wurden, werden die in den Programmen genannten Ziele und Maßnahmen in zwei Kategorien eingeteilt. Zur ersten Kategorie gehören diejenigen Ziele und Maßnahmen, die auf die Gestaltung der institutionellen Rahmenbedingungen des Agrar- und Ernährungssektors abzielen. Dies beinhaltet sowohl die Schaffung neuer als auch die Verbesserung bestehender Institutionen. Die zweite Kategorie umfaßt Ziele und Maßnahmen, die auf die direkte Gestaltung des Wirtschaftsprozesses und der Struktur des betrachteten Sektors ausgerichtet sind. Eine Unterscheidung hinsichtlich der zeitlichen Dimension erübrigt sich, da diese, wie erwähnt, in den Inhalten der Dokumente selbst nicht deutlich wird. Wegen der fehlenden Systematik und der erwähnten Wiederholungen und Überschneidungen wurde außerdem bei der nachfolgenden Analyse einzelner Ziele und Maßnahmen auf detaillierte Quellenangaben weitgehend verzichtet, da ansonsten aufgrund der unvermeidlichen Mehrfachverweise der Anmerkungsapparat sich stark aufgebläht hätte; darunter würde die Lesbarkeit leiden.

Übersicht 4: Ziele und Maßnahmen der Agrarpolitik in den agrarpolitischen Programmen der Regierung Putin

Ansatzpunkt	Ziele	Maßnahmen
Gestaltung der institutionellen Rahmenbedingungen	Schaffung „effizienter" Agrarmärkte	– Beseitigung inländischer Handelsbarrieren zwischen den Regionen – Aufbau von Marktinformationssystemen
	Risikoabsicherung	– Förderung des Aufbaus von Warenterminmärkten und sonstigen Institutionen, insbes. Versicherungen
	Verbesserung der Wettbewerbsfähigkeit der Agrarprodukte	– Bessere Kontrolle der Einhaltung von Qualitätsstandards
	Verbesserung der beruflichen Qualifizierung von Fachkräften	– Förderung der Aus- und Weiterbildung
	Entwicklung eines funktionierenden Bodenmarktes	– Verabschiedung eines Gesetzes, das den Kauf und Verkauf von Agrarland regelt.
Direkte Gestaltung des Wirtschaftsprozesses und der Wirtschaftsstruktur	Förderung von als prioritär angesehenen Produktionszweigen (z.B. Getreide, Milch, Fleisch, Gemüse)	– Steuerpolitische Maßnahmen – Investitionsbeihilfen – Außenhandelspolitische Maßnahmen (Schutz vor Importen; Exportförderung)
	Technologische Erneuerung der Betriebe der Agrar- und Ernährungswirtschaft	– Gezielte Investitionsprogramme

Direkte Gestaltung des Wirtschaftsprozesses und der Wirtschaftsstruktur	Sanierung zahlungsunfähiger Betriebe und Förderung wettbewerbsfähiger Unternehmensstrukturen	– Staatliche Umschuldungsprogramme (Erlaß von Verzugszinsen und Vertragsstrafen; Stundung der Kreditrückzahlung) – Förderung vertikal integrierter Strukturen
	Gewährleistung der Preisparität bzw. Vermeidung einer zu großen Preisdisparität	– Preismonitoring und Regulierung von Agrarmärkten – Förderung der vertikalen Integration
	Regulierung der Agrarmärkte zur Vermeidung allzu großer Preisschwankungen, Einkommensverlusten für die Landwirtschaft und Bekämpfung angeblicher Marktmacht vor- und nachgelagerter Stufen der Landwirtschaft	– Außenhandelspolitische Maßnahmen (variable Importzölle, Einfuhrquoten, Lizenzierung, Exportförderung) – Staatliche Aufkäufe

Quelle: Eigene Darstellung.

6.2. Gestaltung der institutionellen Rahmenbedingungen

Zur Verbesserung der institutionellen Rahmenbedingungen und der Versorgung des Agrar- und Ernährungssektors mit öffentlichen Gütern werden folgende Maßnahmen vorgeschlagen:

- die Beseitigung inländischer Handelsbarrieren zwischen den Regionen, um einen einheitlichen Binnenmarkt für Agrarprodukte zu schaffen und damit den interregionalen Wettbewerb zu stärken,
- die bessere Kontrolle der Einhaltung von Qualitätsstandards aus Gründen der Lebensmittelsicherheit sowie zur Verbesserung der Wettbewerbsfähigkeit der heimischen Agrarprodukte gegenüber ausländischen Konkurrenten,
- der Auf- und Ausbau von Marktinformationssystemen, in denen marktrelevante Informationen, insbesondere Produktions- und Preisentwicklungen von Agrarprodukten in verschiedenen Regionen, gesammelt werden sollen, vergleichbar mit der Zentralen Markt- und Preisberichtsstelle für Erzeugnisse der Land-, Forst- und Ernährungswirtschaft in Deutschland, sowie
- die Förderung der Aus- und Weiterbildung von Fachleuten für den Agrar- und Ernährungssektor zur Verbesserung der Qualifikation.

Außerdem soll der Staat beim Aufbau weiterer Institutionen (Warenterminmärkte und andere Systeme der Risikoabsicherung) mitwirken, insbesondere durch die Schaffung entsprechender gesetzlicher Grundlagen.

Die genannten Maßnahmen sind vor dem Hintergrund der in Abschnitt 3 aufgezeigten Anforderungen an wirtschaftspolitische Maßnahmen grundsätzlich zu begrüßen, weil sie dazu geeignet sind, die Funktionsweise der Märkte und des Wettbewerbs als Entdeckungsverfahren zu verbessern. Um jedoch genau beurteilen zu können, in welchem Maße dies zu erwarten ist, müßte man wissen, wie die einzelnen Maßnahmen konkret umgesetzt werden. Dazu gibt es, wie erwähnt, keine näheren Angaben. Obwohl es aus der bislang tatsächlich praktizierten Agrarpolitik unter *Putin* keine Anhaltspunkte dafür gibt, kann aber grundsätzlich bei der konkreten Umsetzung dieser Maßnahmen durchaus das Problem der konstitutionellen Unwissenheit unterschätzt werden. Dies gilt insbesondere für Marktinformationssysteme. Hier besteht die Gefahr, daß der Staat alleine festlegt, welche Informationen gesammelt und zur Verfügung gestellt werden sollen. Welche Informationen von den Wirtschaftssubjekten jetzt und in Zukunft als nützlich erachtet werden, ist jedoch ebenfalls ein Umstand, den niemand als ganzes wissen kann und der sich häufig erst im Wettbewerbsprozeß herauskristallisiert. Von daher sollte genügend Raum für private Initiativen der Informationsgewinnung und -bereitstellung eingeräumt werden (*Hayek* 1981, S. 89 f.).

Ein weiterer Bereich, bei dem der Staat sich zu viel Wissen anmaßen könnte, ist die Förderung der Aus- und Weiterbildung von Fachkräften für den Agrar- und Ernährungssektor. Bei den genauen beruflichen Qualifikationen, die künftig gefragt sein werden, handelt es sich ebenfalls um Wissen, das auf viele Gesellschaftsmitglieder verstreut ist und teilweise auch erst im Laufe des Wirtschaftsprozesses entsteht. Letztlich kann nur im freien Wettbewerb dieses Wissen bekannt und genutzt werden. Dazu sind klare, unverfälschte Signale, in erster Linie Preissignale, notwendig, denn sie zeigen, in welcher Weise die Beschäftigten im Agrar- und Ernährungssektor sich umzustellen haben. Von daher sollte der Staat von einer gezielten branchenspezifischen Förderung der beruflichen Aus- und Fortbildung Abstand nehmen. Das Wissensproblem wird am ehesten gelöst, wenn wie bisher die Weiterqualifizierung von Mitarbeitern von den Unternehmen selbst finanziert wird, denn sie wissen aufgrund ihrer Marktnähe am besten, welche Qualifikationen tatsächlich gefragt sind.

Ebenso ist beim Aufbau von Warenterminmärkten und anderen in den Programmen nicht näher bezeichneten Institutionen zur Risikoabsicherung[34] darauf zu achten, daß diese von den Wirtschaftssubjekten des Agrar- und Ernährungssektors gewünscht und von ihnen bzw. ihren Verbänden und/oder anderen privaten Anbietern getragen werden. Nur so bleibt gewährleistet, daß sich im Marktprozeß nicht nur die Risiken entdecken lassen, gegen die sich die Wirtschaftssubjekte absichern wollen, sondern auch die entsprechenden Institutionen, die dafür am besten geeignet sind. Gleichzeitig wird so der Gefahr vorgebeugt, daß auf den Staat alle möglichen unternehmerischen Risiken abgewälzt werden. Der Staat sollte sich daher auf die Bereitstellung der rechtlichen Grundlagen beschränken und keinesfalls selbst oder zumindest nicht als alleiniger Anbieter solcher Dienstleistungen auftreten.

Jahrelang heftig umstritten zwischen reformorientierten Politikern der *Jelzin*-Regierung und der durch die Agrarpartei und Kommunistische Partei im russischen Parlament vertretenen konservativen Agrarlobby war die Verabschiedung eines „Bodenkodex", der den Kauf und Verkauf von Agrarland regeln soll. Das „*Gref*-Programm" sowie das agrarpolitische Zehnjahresprogramm enthalten explizit die Forderung, dieses Gesetz endlich zu verabschieden.[35] Dieser Forderung wurde in der Zwischenzeit nachgekommen. Am 24.07.2002 trat nach gut zehnjähriger Diskussion das Agrarlandverkehrsgesetz („Ob oborote zemel' sel'skochozjastvennogo naznačenija") in Kraft.[36] Danach sind der Kauf und Verkauf von Agrarland sowie die Beleihung des Bodens *grundsätzlich* erlaubt. Allerdings unterliegen die Transaktionen mit landwirtschaftlich genutztem Boden erheblichen Restriktionen. So haben die Regierungen der Föderationssubjekte bzw. bei entsprechender Regelung im jeweiligen Föderationssubjekt die Organe der örtlichen Selbstverwaltung beim Verkauf von Boden ein Vorkaufsrecht. Der Verkäufer ist verpflichtet, dem zuständigen Organ das Grundstück mit seinen Preisvorstellungen anzubieten. Erst wenn von dieser Seite kein Kaufinteresse bekundet wird, darf der landwirtschaftliche Boden dritten natürlichen oder juristischen Personen ange-

---

34 Wie Meldungen und Diskussionen in verschiedenen russischen Zeitschriften und Nachrichtenagenturen vermuten lassen, dürfte es sich hierbei um verschiedene Formen von Versicherungen für Landwirte handeln, wie z.B. die Hagelversicherung oder Ernteausfallversicherung (vgl. z.B. Nazarenko 2000; *Agra-Europe* 39/03, 29.09.2003, Länderberichte 25; *Agra-Europe* 41/03, 13.10.2003, Länderberichte 16; *Tkačenko* 2003).

35 Im mittelfristigen Entwicklungsprogramm findet sich lediglich die wenig konkrete Forderung, die rechtlichen Grundlagen für die Regulierung der „Bodenbeziehungen" weiter zu entwickeln.

36 Das Gesetz wurde u.a. in der Beilage zur Zeitschrift „*Ekonomika sel'skogo chozjajstva*", Nr. 8, 2002, veröffentlicht.

boten werden, wobei der Preis nicht niedriger sein darf als beim Angebot an die staatlichen Organe (Artikel 8). Beim Verkauf eines Bodenanteils an den kollektiven landwirtschaftlichen Großbetrieben ist das Prozedere ähnlich, mit dem Unterschied, daß in diesem Fall zunächst die anderen Betriebsangehörigen und Anteilsbesitzer von den Verkaufsabsichten zu unterrichten sind und ihnen der Anteil zum Kauf angeboten werden muß. Hierbei unterliegt der Verkäufer bei der Festlegung des Verkaufspreises keinen Restriktionen. Wenn die Betriebsangehörigen und Anteilseigner kein Interesse an dem Grundstück zeigen, muß der Verkäufer seinen Bodenanteil der Regierung des Föderationssubjektes bzw. dem Organ der örtlichen Selbstverwaltung anbieten. Erst wenn diese das Land auch nicht kaufen wollen, kann der Verkäufer den landwirtschaftlichen Boden dritten Personen verkaufen. In diesem Fall darf allerdings der Preis nicht niedriger sein als beim Angebot an die staatlichen Organe (Artikel 12). Die Regierungen der Föderationssubjekte haben außerdem das Recht, Höchstgrenzen für die Größe der landwirtschaftlichen Fläche festzusetzen, die sich in der Hand einer natürlichen oder juristischen Person befinden darf. Gleichzeitig ist jedoch eine Mindestgröße festgelegt, die bei der Festsetzung der Höchstgrenze nicht unterschritten werden darf. Sie beträgt 10 % der landwirtschaftlichen Fläche in einer administrativ-territorialen Einheit (Rayon) (Artikel 4).

Mit den Restriktionen in Artikel 8 und 4 versucht die Regierung zum einen sicherzustellen, daß Agrarland bei der Veräußerung nicht zweckentfremdet wird, sondern weiter für landwirtschaftliche Zwecke genutzt wird. Vor dem Hintergrund der im nächsten Unterabschnitt angesprochenen Debatte über die Ernährungssicherheit wird die Kontrolle der Agrarlandnutzung als ein Mittel angesehen, den weiteren Rückgang der heimischen Agrarproduktion aufzuhalten. Zum anderen soll mit den Beschränkungen versucht werden, das Entstehen von Großgrundbesitz in Privathand zu verhindern und somit die Dominanz des staatlichen Einflusses auf die Struktur der Landwirtschaft zu sichern (*Wegren* 2002b, S. 652).

Problematisch vor dem Hintergrund des Wissensproblems ist an diesem Gesetz, daß durch das Einschalten einer dritten Partei – der Regionalregierungen – der direkte Kontakt zwischen Anbietern von und Nachfragern nach Agrarland verhindert und damit der Wettbewerb als Verfahren zur Entdeckung des produktivsten Landnutzers zunächst einmal ausgeschaltet ist. Statt dessen maßen sich staatliche Behörden an zu wissen, wer der am besten geeignete Bodenbesitzer ist. Sie entscheiden auch, wie viel Agrarland und welche konkreten Flächen der neue Landnutzer zu welchem Preis bekommen soll. Da außerdem keine Fristen festgelegt sind, innerhalb derer sich die übrigen Betriebsangehörigen und Anteilseigner und die staatlichen Organe über die Wahrnehmung ihres Vorkaufsrecht entscheiden müssen, kann die Realisierung der Verkaufsabsicht mitunter recht lange dauern. Somit kann von diesem langwierigen bürokratischen Prozedere eine generell abschreckende Wirkung auf Transaktionen mit landwirtschaftlich genutztem Boden ausgehen. Deshalb dürfte das Gesetz insgesamt kaum geeignet sein, einen funktionierenden Bodenmarkt zu schaffen, Investitionen anzulocken, effiziente Betriebsgrößen entstehen zu lassen und damit den dringend notwendigen Wandel in Richtung marktwirtschaftlicher Strukturen auf dem Land voranzubringen. Allerdings ist eine endgültige Einschätzung zum gegenwärtigen Zeitpunkt noch verfrüht. Es wird entscheidend darauf ankommen, wie die Regional- und Kommunalregierungen ihre gesetzlichen Kompetenzen bei der Regelung des Grundstücksverkehrs (Ausübung des Vorkaufsrechtes, Festlegung von Höchstgrenzen für die Größe der landwirtschaftlichen Flächen, die erworben werden dürfen) in der Praxis tatsächlich handhaben.[37] Dies dürfte wiederum stark von der politischen Couleur der entsprechenden Regionalregierung sowie der Stärke und dem Einfluß der Interessengruppen auf die jeweiligen Regionalregierungen in dieser Frage abhängen. Ungeachtet der genannten Restriktionen ist das Gesetz insofern positiv zu bewerten, als zum einen das Privateigentum an landwirtschaftlich genutztem Boden grundsätzlich bestätigt und zum anderen eine rechtliche Grundlage für Transaktionen mit Agrarland geschaffen worden ist, die es seit der Oktoberrevolution von 1917 nicht mehr gab (*Wegren* 2002b, S. 653).

6.3. Direkte Lenkung des Wirtschaftsprozesses und der Wirtschaftsstruktur

Das Schwergewicht in den Programmen zur Agrarpolitik der Regierung *Putin* liegt bei Maßnahmen, die eindeutig lenkenden und protektionistischen Charakter haben. Diese beziehen sich einmal auf die Förderung bestimmter Produktionszweige und der betrieblichen Umstrukturierung und zum anderen auf die binnen- und außenwirtschaftliche Regulierung der Agrarmärkte.

6.3.1. Förderung bestimmter Produktionszweige

Im Rahmen der „Agrarstrukturpolitik" sollen von der Regierung Prioritäten für die Produktion von Nahrungsmitteln gesetzt und diese mit Hilfe nicht näher erläuterter Instrumente der Steuer-, Außenhandels- und Investitionspolitik umgesetzt werden. Unter anderem wird bis zum Jahr 2010 angestrebt, die Selbstversorgung bei Futtergetreide, Geflügelfleisch, Eiern, Milch und Milchprodukten sowie Gemüse und Kartoffeln sicherzustellen. Weiter sollen zur Förderung des technischen Fortschritts in den Betrieben der Agrar- und Ernährungswirtschaft gezielte Investitionsprogramme verabschiedet und realisiert werden.

6.3.2. Förderung der betrieblichen Umstrukturierung

Staatlicher Handlungsbedarf wird außerdem auf dem Gebiet der betrieblichen Umstrukturierung festgestellt. Zum einen soll der Staat landwirtschaftliche Betriebe, die mit Verlust arbeiten, ohne Gegenleistungen durch Umschuldungsmaßnahmen sanieren. Bereits im Jahr 2001 wurde die Rückzahlung der Schulden von ca. 8500 landwirtschaftlichen Betrieben gegenüber dem Staatshaushalt gestundet. Allerdings liegen keine Angaben vor, auf wieviel Jahre (*Agra-Europe* 7/02, 11.02.02, Länderberichte 30). Am 09.07.02 wurde ein entsprechendes Gesetz[38] verabschiedet, das sowohl die Möglichkei-

---

37 Vgl. hierzu auch die ersten ausführlicheren kritischen Diskussionen des Agrarlandverkehrsgesetzes bei *Schulze* und *Tillack* (2002); *Wegren* (2002b) und *IET* (2003b, S. 279 ff.).

38 „O finansovom ozdorovlenii sel'skochozjastvennych tovaroproizvoditelej", veröffentlicht in der Beilage zur Zeitschrift *„Ekonomika sel'skogo chozjajstva"*, Nr. 8, 2002.

ten einer Umschuldung gegenüber dem Staatshaushalt und den Sozialfonds[39] als auch gegenüber den sogenannten „natürlichen Monopolen" der Strom- und Gasversorgung ermöglicht und regelt. Die Schulden gegenüber den Sozialfonds und den Strom- und Gasversorgern sind für die landwirtschaftlichen Betriebe deshalb entstanden, weil sie fällige Steuern und Abgaben nicht gezahlt haben. Angewachsen sind diese Schulden hauptsächlich während der allgemeinen Zahlungskrise Anfang und Mitte der 1990er Jahre, die große Teile der russischen Volkswirtschaft erfaßte. Viele Betriebe haben nach der Verschlechterung ihrer finanziellen Lage, die im Zuge der eingeleiteten Reformmaßnahmen eingetreten war, einen Teil ihrer Steuerschulden auch gegenüber dem Staat nicht mehr beglichen (*Gerasin* und *Nikitin* 2002, S. 1035). Der wesentliche Unterschied zu der in der *Jelzin*-Ära üblichen Praxis im Umgang mit dem Verschuldungsproblem in der Landwirtschaft besteht jetzt darin, daß die Schulden der landwirtschaftlichen Betriebe nicht mehr abgeschrieben, sondern nur „umstrukturiert", d.h. auf höchstens sieben Jahre gestundet werden sollen. Dieses Moratorium richtet sich nicht nur an die kollektiven Großbetriebe, die nach wie vor in der russischen Landwirtschaft dominieren, sondern auch an private Bauernwirtschaften (Artikel II).

Voraussetzung für die Teilnahme an diesem Umschuldungsprogramm ist, daß die Betriebe einen Antrag bei der zuständigen Kommission zur Sanierung der landwirtschaftlichen Betriebe[40] stellen, die eigens für die Umsetzung des Programms von der Zentralregierung gegründet worden ist. Der Antrag muß einen betrieblichen Sanierungsplan und weitere Dokumente enthalten, die von der russischen Regierung festgelegt worden sind (Artikel IV, Absatz 13 ff.). Laut Landwirtschaftsminister *Aleksej Gordeev* soll hierzu der Nachweis gehören, daß gegen den Betrieb kein Insolvenzverfahren läuft und der Betrieb pünktlich seinen laufenden Steuerzahlungen nachgekommen ist (*Agra-Europe* 29/03, 21.07.03, Länderberichte 24). Wird der Antrag angenommen, arbeitet die Kommission zur Sanierung der landwirtschaftlichen Betriebe einen Umschuldungsplan für das entsprechende Unternehmen aus, der dann den Gläubigern zur Zustimmung vorgelegt wird. In diesem Umschuldungsplan wird festgelegt, auf wieviel Jahre die Schulden gestundet werden und wie die Zins- und Tilgungszahlungen für das betreffende Unternehmen zu erfolgen haben (Artikel XVI). In der Zwischenzeit wurde am 16.07.2003 der Erlaß des Präsidenten Nr. 784 „Über zusätzliche Maßnahmen zur Verbesserung der finanziellen Lage der landwirtschaftlichen Warenerzeuger" („O dopolnitel'nych merach po ulučšeniu finansogo sostojanija sel'skochozjajstvennych tovaroproizvoditelej")[41] unterzeichnet. Dieser sieht vor, zumindest die Verzugszinsen und Vertragsstrafen für laufende Kredite bis April 2004 den Unternehmen zu erlassen, die an dem auf dem Gesetz vom 09.07.02 basierenden Umschuldungsprogramm beteiligt

---

39 In die Sozialfonds führen die landwirtschaftlichen Betriebe die Sozialabgaben für ihre Angestellten ab. Zu den Sozialfonds gehören der Rentenfonds, der Sozialversicherungsfonds, der Arbeitsfonds und der Gesundheitsfonds (*Gerasin* und *Nikitin* 2002, S. 1030).

40 Diese Kommissionen gibt es sowohl auf föderaler als auch regionaler Ebene. Sie setzen sich jeweils aus Vertretern der föderalen Exekutivorgane, der außerbudgetären Fonds (Sozialfons), der regionalen Exekutivorgane sowie Vertretern der natürlichen Monopole zusammen (Artikel III).

41 Vgl. http://www.aris.ru/MSHP/DEAPOL/NEW_MIX/new010702.html.

sind. Allerdings hat sich Präsident *Putin* in einer Pressekonferenz, in der der Erlaß vorgestellt wurde, nochmals entschieden gegen einen vollständigen Schuldenerlaß ausgesprochen (*Agra-Europe* 29/03, 21.07.03, Länderberichte 24). Inwieweit das Moratorium dazu benutzt werden soll bzw. benutzt wird, um staatliche Vorstellungen etwa bei der Lenkung der Produktion durchzusetzen, läßt sich aus den Dokumenten und anderen Informationsquellen zur aktuellen Entwicklung der russischen Landwirtschaft nicht beurteilen.

Neben der staatlichen Hilfe bei der Sanierung landwirtschaftlicher Betriebe soll die Agrarpolitik die Gründung horizontal und vertikal integrierter Unternehmensstrukturen unterstützen. Vor allem die Bildung vertikal integrierter Strukturen wird in der russischen Agrarökonomie und -politik als ein Königsweg zur Verbesserung der wirtschaftlichen Lage der Agrar- und Ernährungswirtschaft im allgemeinen und der landwirtschaftlichen Betriebe im besonderen gesehen.[42] Als besonders erfolgsversprechend gelten hierbei die Integrationsformen „Agroholding" und „Agro-Finanz-Industrielle Gruppen".[43] Vertikale Integration soll zum einen dazu beitragen, allen Akteuren der vertikalen Wertschöpfungskette, also den landwirtschaftlichen Erzeugern, den Herstellern von landwirtschaftlichen Betriebsmitteln, Verarbeitern und Lebensmittelhändlern „gleiche wirtschaftliche Bedingungen" zu gewährleisten (*Ušačev* 2002a, S. 21; *Achmetov* 2002, S. 47). Dabei stehen jedoch in erster Linie die Interessen der landwirtschaftlichen Erzeuger im Mittelpunkt, weil sie innerhalb des Agrar- und Ernährungssektors die stärkste Lobby haben und sich als das schwächste Glied in der vertikalen Produktionskette sehen. Seit Beginn der Transformation hat sich der ihnen zufließende Anteil an den Verkaufserlösen von Nahrungsmitteln ständig verringert und der der nachgelagerten Bereiche erhöht.

Diese Entwicklung ist eigentlich Ausdruck eines normalen marktwirtschaftlichen Anpassungsprozesses und Strukturwandels, der in gleicher Weise auch in etablierten Marktwirtschaften stattgefunden hat.[44] Ein Grund hierfür ist die im Zuge der wirtschaft-

---

42 Vgl. z.B. *Semenov* (1997, S. 29) und *Ušačev* (2002a, S. 21 f.). Im Herbst 2003 hat Präsident *Putin* anläßlich seines Besuches des südrussischen Verwaltungsbezirks Krasnodar erneut auf die Bedeutung der Integration der Betriebe der landwirtschaftlichen Wertschöpfungskette zur Verbesserung der Lage in der russischen Agrar- und Ernährungswirtschaft hingewiesen (*Agra-Europe* 41/03, Länderberichte 17, 13.10.2003).

43 Bei Finanz-Industriellen Gruppen (russ.: finansovo-promyšlennaja gruppa = FIG) handelt es sich um konzernartige Zusammenschlüsse von Industrie- und Handelsunternehmen sowie Finanzinstitutionen, die miteinander auf vielfältige Weise verflochten sind (*Krüßmann* 1996, S. 448). Solche Gruppen gibt es in vielen Branchen der russischen Volkswirtschaft, auch in der Agrar- und Ernährungswirtschaft. Dort spricht man von Agro-Finanz-Industriellen Gruppen (russ.: agro-finansovo-promyšlennaja gruppa = AFIG). Sie setzen sich in diesem Wirtschaftszweig in der Regel aus Betrieben der gesamten vertikalen Produktionskette, also Primärerzeugern, Verarbeitern, Handelsunternehmen und Finanzinstitutionen zusammen (*Wandel* 2001, S. 129; *Hockmann, Wandel* und *Shaikin* 2003a, S. 1250 f.; *Hockmann, Wandel* und *Shaikin* 2003b, S. 385).

44 So ist in der Bundesrepublik Deutschland der Anteil der Verkaufserlöse der landwirtschaftlichen Erzeuger an den Verbraucherausgaben für Nahrungsmittel von 62,6 % in den Jahren 1950-55 auf 26,6 % in den Jahren 2001/02 gesunken (*information.medien.agar e.V. (i.m.e)* und *ZMP-Zentrale Markt- und Preisberichtstelle* 2003, S. 11).

lichen Entwicklung zunehmende Integration der Landwirtschaft in das vielfältige und verzweigte Netz der intersektorellen Arbeitsteilung. Fortlaufend werden ursprünglich landwirtschaftliche Aktivitäten in vor- und nachgelagerte Wirtschaftsbereiche ausgelagert. So werden landwirtschaftliche Betriebsmittel (z.B. Düngemittel) durch spezialisierte gewerbliche ersetzt und landwirtschaftliche Produkte in nachgelagerten Handwerks- oder Industriebetrieben zu verbrauchsfertigen Nahrungsmitteln verarbeitet und über den Handel an den Endverbraucher abgesetzt. Die landwirtschaftliche Produktion reduziert sich daher mehr und mehr auf die Produktion von Rohstoffen, während ein immer größerer Teil der Wertschöpfung bei der Nahrungsmittelproduktion in den anderen Wirtschaftsbereichen anfällt. Zum anderen kommt es mit fortschreitender Entwicklung zu Änderungen im Nachfrageverhalten der Konsumenten. So steigt nach dem *Engel*schen Gesetz insgesamt die Nachfrage nach Nahrungsmitteln mit steigendem Pro-Kopf-Einkommen im Zeitablauf nur noch wenig an, weil die physiologischen Grundbedürfnisse leichter befriedigt und deshalb mehr Geld für andere Konsumgüter ausgegeben werden können. Gleichzeitig werden mit zunehmenden Einkommen vermehrt höherwertig verarbeitete Nahrungsmittel nachgefragt, während die Nachfrage nach den landwirtschaftlichen Grundprodukten nur noch schwach ansteigt. Hinzu kommt schließlich, daß auf der Angebotsseite in fast allen Bereichen der landwirtschaftlichen Produktion rapide technische Fortschritte erzielt worden sind, die deutlich über den Fortschrittsraten in anderen Wirtschaftszweigen lagen. Dies hat zu einer kräftigen Erhöhung des landwirtschaftlichen Produktionspotentials geführt, die über das Wachstum der Nachfrage hinaus geht. Infolgedessen müssen die Preise für landwirtschaftliche Rohprodukte sinken (*Henrichsmeyer* und *Witzke* 1991, S. 30 f. und S. 297 f.).

Diese Zusammenhänge werden in Rußland von vielen Agrarökonomen nicht gesehen. Sie führen den gesunkenen Anteil der Landwirte an den Verkaufserlösen auf die Ausübung von Marktmacht der Betriebe des vor- und nachgelagerten Bereichs zurück. Diese hätte dazu geführt, daß die sogenannte „Preisparität"[45] zuungunsten der Landwirte verletzt worden sei, weil die Betriebsmittelpreise stärker gestiegen seien als die landwirtschaftlichen Erzeugerpreise.[46] Dieser Umstand wird als ungerecht und nicht hinnehmbar empfunden. Mit Hilfe vertikal integrierter Strukturen soll diese Entwicklung korrigiert werden, indem innerhalb dieser Strukturen das erwirtschaftete Einkommen so auf die einzelnen Teilnehmer umverteilt werden soll, daß es deren Aufwand entspricht und so alle Glieder der vertikalen Produktionskette kostendeckend arbeiten können. Verantwortlich für die Umverteilung soll das „zentrale Unternehmen" der integrierten Struktur sein, die in ihrer Funktion einer Dachgesellschaft außerdem für die strategische Planung und Koordination der integrierten Unternehmen zuständig ist. Der Vorstand der

---

45 Bei der „Preisparität" geht es natürlich eigentlich um die über die Preise zufließenden Einkommen, also um die Realisierung einer bestimmten intersektoralen „Einkommensparität". Der in Deutschland übliche Begriff „Einkommensparität" ist aber in der agrarökonomischen russischen Literatur und Diskussion nicht gebräuchlich. Deshalb wird in dieser Studie die Bezeichnung „Preisparität" beibehalten.

46 Vgl. z.B. *Novikov* (1995, S. 17); *Dobrynin* und *Ivanov* (1997, S. 15); *Zlobin* (1996, S. 13); *Kurcev* (1999, S. 88 ff.), *Lubkov* (2000a, S. 24). Zur Problematik dieser Argumentation vgl. *Wandel* (2001, S. 109 ff.).

zentralen Unternehmen soll sich aus Vertretern aller Bereiche der gesamten vertikalen Wertschöpfungskette zusammensetzen.[47]

Ein weiterer Beitrag, den vertikal integrierte Unternehmen leisten sollen, ist die Sanierung zahlungsunfähiger landwirtschaftlicher Betriebe und deren anschließende Modernisierung.[48] Zu diesem Zweck wird landwirtschaftlichen Betrieben, die sich in Zahlungsschwierigkeiten befinden, empfohlen, sich mit „wirtschaftlich gesunden" Industrie-, Landwirtschafts- und Verarbeitungsbetrieben sowie anderen Organisationen, die über bedeutende eigene finanzielle Mittel verfügen oder Zugang zu Krediten haben, zusammenzuschließen (*Ušačev* 2002b, S. 6 f.). Vertikale Integrationsprozesse zu diesem Zweck werden staatlicherseits gegenwärtig nur von einigen Regionalregierungen gefördert. Besonders aktiv sind dabei die Oblaste Belgorod und Orel. Grundlage im Oblast Belgorod bildet die Verordnung der Oblastregierung Nr. 710 vom 14.12.1999 „Über Maßnahmen zur Sanierung zahlungsunfähiger landwirtschaftlicher Unternehmen des Oblastes" („O merach po ekonomičeskomu ozdorovleniju neplatežesposobnych sel'skochozjajstvennych predprijatij oblasti").

Explizit wird diese Vorgehensweise in der Anlage 1 der Verordnung damit begründet, daß die Einleitung des für den Fall der Zahlungsunfähigkeit vorgesehenen Konkursverfahrens zur Liquidierung der landwirtschaftlichen Betriebe mit allen damit zusammenhängenden negativen sozialen Folgen führen würde. Um dieses zu verhindern, fühlt sich die Oblastregierung verpflichtet, alles Mögliche zu tun, um das Überleben der Betriebe zu sichern. Entsprechend spielen bei der Umsetzung der Sanierungsmaßnahmen die staatlichen Organe auf Oblast- und kommunaler Ebene eine wichtige Rolle. Die Organe der örtlichen Selbstverwaltung haben die Aufgabe, nach einer gründlichen Betriebsanalyse eine Liste landwirtschaftlicher Betriebe zusammenzustellen, die vorrangig saniert werden sollen. Das Departement für die programmatische Entwicklung des Agro-Industriellen Komplexes der Oblastregierung analysiert zusammen mit potentiellen Investoren Umfang und Struktur der Verbindlichkeiten sowie das vorhandene Anlage- und Umlaufvermögen der fraglichen Unternehmen. Gleichzeitig gründet die Oblastregierung die Behörde „Agrogarantinvest". Sie tritt stellvertretend für die Oblastregierung als einheitlicher (konsolidierter) Gläubiger der Verbindlichkeiten auf, die die zahlungsunfähigen landwirtschaftlichen Betriebe gegenüber dem Haushalts des Oblastes haben. Den übrigen Gläubigern, meistens Banken und Unternehmen der Strom- und Gasversorgung, wird vorgeschlagen, ihre Gläubigerrechte auf vertraglicher Grundlage an Agrogarantinvest abzutreten (Absatz 3). Der Investor gründet dann zusammen mit den Anteilseignern des zahlungsunfähigen landwirtschaftlichen Unternehmens eine neue Aktiengesellschaft. Das Departement für Wirtschaft und Finanzen der Oblastregierung und Agrogarantinvest sollen die Umschuldung der Verbindlichkeiten gegenüber den neu gegründeten integrierten Unternehmen durchführen, und zwar innerhalb einer Frist, die mit den Gläubigern abgestimmt wurde (Absatz 5). In der Folgezeit

---

47 Vgl. u.a. *Babinceva* und *Davtjan* (2000, S. 38); *Lubkov* (2000b, S. 46); *Achmetov* (2002, S. 47).

48 Vgl. Ministerstvo sel'skogo chozjajstva *Rossijskoj Federacii* (2001, S. 3); *Rodionova* (2001, S. 38); *Ušačev* (2002b, S. 6).

sind in diesem Oblast bis zum Jahr 2001 18 vertikal integrierte Strukturen in der Form von Agroholdings gegründet worden. Von den 2001 insgesamt in Rußland gezählten 93 Agroholdings befanden sich damit die meisten im Oblast Belgorod (*Kurtoeva* 2003, S. 53). Wie die Unternehmen zur Bildung der Holdings im einzelnen animiert worden sind, bleibt unklar, zumal die Teilnahme an dem Sanierungsprogramm für alle Unternehmen offiziell als freiwillig gilt. Gespräche des Verfassers mit Vertretern der Oblastregierung im Juni 2004 lassen jedoch vermuten, daß über die Vergabe von Zinssubventionen versucht wurde, diesen Prozeß zu steuern. Nach einem Beschluß der Moskauer Föderationsregierung können seit 2001 landwirtschaftliche Betriebe in den Genuß zinsverbilligter Kredite kommen. Dabei erstattet der Staat zwei Drittel der Kreditzinsen. Zu diesem Zweck stellt die Föderationsregierung jedes Jahr eine bestimmte Summe an Finanzmitteln zur Verfügung,[49] die von den Regionalregierungen verwaltet werden (*Agra-Europe* 47/02, 18.11.2002, Länderberichte 28; *Šik* 2002, S. 31). Obwohl die Kredite von kommerziellen Banken vergeben werden, soll die Entscheidung, an welche Betriebe die Kredite zu vergeben sind, häufig von der Oblastregierung getroffen werden. Sie kann somit die Gewährung der zinsverbilligten Kredite an die Bedingung knüpfen, daß die zahlungsunfähigen Unternehmen vertikal integrierten Strukturen beitreten, da ihnen ansonsten der Zugang zu Krediten gänzlich verwehrt bleiben könnte. Gleichzeitig stellt die Aussicht, zinsverbilligte Kredite für zahlungsunfähige landwirtschaftliche Betriebe zu bekommen, auch für die „gesunden" Unternehmen einen Anreiz dar, diese überhaupt aufzunehmen und Sanierungsmaßnahmen durchzuführen (vgl. auch *Uzun* 2003).

Ebenfalls auf staatliche Initiative geht die Bildung integrierter Strukturen im Agrar- und Ernährungssektor im Oblast Orel zurück. Neben dem Ziel, zahlungsunfähige landwirtschaftliche Betriebe zu sanieren, wird in diesem Oblast mit vertikaler Integration außerdem eine effektivere staatliche Regulierung des Agrar- und Ernährungssektors angestrebt, um die erwähnten „gleichen wirtschaftlichen Bedingungen" sowie die „Preisparität" zu verwirklichen (*Baklaženko* 2003, S. 10). Zu diesem Zweck wurde durch die Verordnung Nr. 226 der Verwaltung des Oblastes Orel das OAO „Orlovskij agrokombinat" gegründet. 100 % der Aktien gehören dem Staat. Von ihm stammt auch das gesamte Grundkapital des Kombinats in Höhe von 100 000 Rubel (*Baklaženko* 2003, S. 9). OAO „Orlovskij agrokombinat" hat die Funktion einer auf Oblastebene agierenden Holdinggesellschaft, die die Tätigkeit von integrierten Strukturen, die auf Rayonsebene gebildet worden sind, koordinieren und kontrollieren soll. Bei den integrierten Strukturen auf Rayonsebene handelt es sich um Agrofirmen, die in der Regel die Rechtsform einer Aktiengesellschaft haben. Sie sind aus der Vereinigung von Unternehmen aus der gesamten vertikalen Wertschöpfungskette entstanden. Gewöhnlich gehören zu diesen Agrofirmen zahlungsunfähige landwirtschaftliche Unternehmen, die saniert werden sollen (*Baklaženko* 2003, S. 9). Die Entscheidung, Agrofirmen zu gründen, geht meistens auf einen Entschluß der Oblastregierung zurück. Allerdings gilt wie in Belgorod auch hier der Beitritt für die Unternehmen offiziell als freiwillig (*Baklažen-*

---

49 Im Jahr 2004 beliefen sich die Mittel für die zinsverbilligten Kredite auf insgesamt 2,5 Mrd. Rubel (71,5 Mio. Euro) (*Agra-Europe* 12/04, 22.03.2004, Länderberichte 22).

ko 2003, S. 10). Die Kontrollmehrheit der Aktien an den Agrofirmen hält das Vermögensverwaltungskomitee des Rayons, das seinerseits die Aktien an das Vermögensverwaltungskomitee des Oblastes weitergibt. Dieses übergibt schließlich die Aktien zur treuhänderischen Verwaltung an OAO „Orlovskij agrokombinat". Auf diese Weise soll sichergestellt werden, daß die Oblastregierung durch das Agrokombinat den Agrar- und Ernährungssektor des Oblastes umfassend regulieren kann (*Baklaženko* 2003, S. 10).[50]

6.3.3. Regulierung der Agrarmärkte

Neben der staatlich organisierten und finanzierten betrieblichen Umstrukturierung nehmen in den agrarpolitischen Programmen Maßnahmen zur Regulierung der Agrarmärkte einen breiten Raum ein. Mit Zöllen und nicht-tarifären Handelshemmnissen (Importquoten und verschärfte Qualitätskontrollen bei importierten Nahrungsmitteln) sollen die heimischen Produzenten von Nahrungsmitteln vor ausländischer Konkurrenz geschützt werden. Gleichzeitig wird der Staat aufgefordert, den Export russischer Waren zu fördern, indem er zum einen die Funktion eines Türöffners für den Zugang zum Weltmarkt übernimmt und zum zweiten die Exporteure über ein staatlich finanziertes Informationssystem mit Informationen über Entwicklungen auf den Weltmärkten unterstützt. Unter dem Gesichtspunkt der Verwirklichung der „Preisparität" soll darüber hinaus auch dafür gesorgt werden, daß die Exporteinnahmen „gerecht" zwischen den Händlern und landwirtschaftlichen Erzeugern verteilt werden. Auf welche Weise dies konkret erfolgen soll, wird in den Programmen nicht ausgeführt. Wie bereits erwähnt, wird der Agrarsektor in Rußland bislang nur gering durch Importzölle geschützt. Darüber hinaus gibt es Importkontingente für Zucker.[51] Im April 2003 wurden zusätzlich Importkontingente für Rind-, Schweine- und Geflügelfleisch eingeführt.[52]

Neben dem Außenschutz werden auch Binnenmarktinterventionen als notwendig erachtet, um allzu große Preisschwankungen und eine wesentliche Verschlechterung der Einkommen, vor allem der landwirtschaftlichen Erzeuger, zu vermeiden. Diese Forderung bezieht sich in erster Linie auf den Getreidemarkt, der als strategischer Markt an-

---

50 Ein Beispiel für die Art und Weise des staatlichen Eingreifens ist die OAO „Agrofirma Kolpnjanskaja". Sie wurde durch eine Verordnung des Gouverneurs des Oblastes Orel vom 1. August 2000 gegründet. In der Verordnung wird die Finanz- und Steuerbehörde des Oblastes angewiesen, ein zinsloses Darlehen an das OAO „Orlovskij agrokombinat" zu vergeben, um 10 Mähdrescher für die OAO „Agrofirma Kolpnjanskaja" zu kaufen. Gleichzeitig wird die regionale Energiekommission aufgefordert, die Tarife für Energie, die die Agrofirma benötigt, um bis zu 50 % zu senken (*Baklaženko* 2003, S. 10).

51 Vgl. ausführlicher zur außenwirtschaftlichen Regulierung des Zuckermarktes *Chramova* (2002, S. 27 ff.).

52 Bei Rind- und Schweinefleisch wurden Zollkontingente beschlossen, die sich jährlich auf 420 000 t bzw. 450 000 t belaufen sollen. Für 2003 soll der Zollsatz für die Einfuhren im Rahmen der Zollkontingente 15 % bei Mindestbeträgen von 0,25 €/kg bzw. 0,15 €/kg betragen. Für über die Kontingente hinausgehende Lieferungen werden Abgaben von 60 %, mindestens jedoch 0,60 €/kg für Rindfleisch und 80 % bei einem Mindestsatz von 1,06 €/kg erhoben. Bei Geflügelfleisch wurde ein Mengenkontingent eingeführt, das für den Rest des Jahres 2003 auf 744 000 t und für die Jahre 2004 und 2005 auf jeweils 1,05 Mio. t festgesetzt wurde (*Agra-Europe* 5/03, 03.02.03, Europa-Nachrichten 12).

gesehen wird. Seit Sommer 2001 wird diese Forderung durch die Einführung von staatlichen Getreideinterventionen in die Tat umgesetzt. Im Jahr 2001 stellte der Staat 2 Mrd. Rubel und im Jahr 2002 6 Mrd. Rubel aus dem Föderationshaushalt für Interventionskäufe auf dem Getreidemarkt zur Verfügung, um den Preis nicht unter 2 300 Rubel pro Tonne fallen zu lassen (*IET* 2002, S. 21; *IET* 2003b, S. 264). Im Jahr 2003 wurden wegen des vor allem witterungsbedingten starken Rückgangs der Getreideproduktion gegenüber dem Vorjahr um mehr als ein Fünftel auf 67,9 Mio. t keine Interventionen durchgeführt (*Agra-Europe* 15/04, 13.04.2004, Länderberichte 12).

6.3.4. Bewertung

Sowohl die Förderung bestimmter Produktionszweige und der betrieblichen Umstrukturierung als auch die binnen- und außenwirtschaftliche Regulierung der Agrarmärkte sind vor dem Hintergrund der in den Abschnitten 2 und 3 gemachten Ausführungen höchst problematisch. Zum einen wird das Wissensproblem erheblich unterschätzt oder gar nicht gesehen. Dem Staat werden Aufgaben zugewiesen, die in einer Marktwirtschaft ausschließlich die Unternehmer übernehmen sollten. Welche Produkte produziert werden sollen, welche Branchen, Unternehmen und Unternehmensstrukturen wettbewerbsfähig sind, kann der Staat niemals besser wissen als die Wirtschaftssubjekte, die direkt auf dem Markt agieren und für ihre Entscheidungen mit ihrem Vermögen haften. Deshalb ist z.B. die staatliche Förderung oder gar Anordnung vertikaler Integration ein fragwürdiges Unterfangen. Die ökonomische Theorie kennt eine Vielzahl von Gründen, die die Integration aufeinanderfolgender Stufen einer Wertschöpfungskette vorteilhaft erscheinen lassen. Dazu gehört etwa die Erzielung von Skalen- oder Verbundvorteilen, die Reduktion von Transaktionskosten oder die Lösung von Principal-Agent-Problemen.[53] Allerdings hängt die Frage, ob vertikale Integration ökonomisch vorteilhaft ist, davon ab, ob die entsprechenden Bedingungen hierfür im konkreten Einzelfall gegeben sind. Dies ist in der Regel von Unternehmen zu Unternehmen verschieden, so daß eine spezielle Anordnung oder Förderung der vertikalen Integration einer Anmaßung von Wissen im Sinne von *Hayek* (1974/96) gleichkommt, denn staatliche Organe können niemals alle besonderen Umstände in den einzelnen Unternehmen der Agrar- und Ernährungswirtschaft im voraus feststellen, um entscheiden zu können, ob es ökonomisch sinnvoller ist, Transaktionen über Märkte oder hierarchische Koordinationsformen zu tätigen. Auch hier ist es der Wettbewerb als Entdeckungsverfahren, der den einzelnen Akteuren der vertikalen Wertschöpfungskette durch pekuniäre Effekte (Gewinn-Verlust-Rückkopplungen) zeigt, mit welchem institutionellen Arrangement sie ihre gesetzten Ziele am besten erreichen können. Dies schließt ein, daß das institutionelle Arrangement auch jederzeit geändert werden kann, wenn sich die konkreten Bedingungen verändert haben.

Bei der Politik einer staatlichen Förderung von integrierten Unternehmensstrukturen in einigen Föderationssubjekten dürften neben der bereits erwähnten Angst vor den so-

---

53 Vgl. ausführlicher dazu den Überblick über theoretische Erklärungsansätze für vertikale Integration in *Hockmann, Wandel* und *Shaikin* (2003a, S. 1234 ff.) und *Hockmann, Wandel* und *Shaikin* (2003b, S. 362 ff.).

zialen Kosten im Falle der Schließung landwirtschaftlicher Unternehmen in großem Stil und unzureichenden Kenntnissen über marktwirtschaftliche Funktionsmechanismen auch Pfadabhängigkeiten im Sinne von *Douglas North* (1992, 1994, 1995) eine Rolle spielen, die aus dem planwirtschaftlichen System nachwirken. Dies gilt insbesondere für das „Denken in Preisparitäten" und in großen integrierten Wirtschaftseinheiten. Dies scheint insbesondere im Oblast Orel eine Rolle zu spielen, denn die geschilderten Strukturen im dortigen Agrar- und Ernährungssektor ähneln verblüffend den vertikal integrierten Unternehmensstrukturen, die in den 1970er und 1980er Jahren im sowjetischen Agro-Industriellen Komplex ausprobiert worden waren.[54] Große integrierte Wirtschaftseinheiten werden in der russischen Agrarökonomie in der Regel aufgrund deren vermeintlich höheren Effizienz gegenüber kleineren Betrieben propagiert. Die höhere Effizienz großer Einheiten soll dabei aus deren Möglichkeit resultieren, Skalen- und Verbundvorteile ausschöpfen sowie Transaktionskosten sparen zu können, weil es feste und zuverlässige Zulieferer und Abnehmer gäbe (vgl. z.B. *Rodionova* 2002a, S. 22 ff.). Daß diese Vorteile möglicherweise durch noch höhere unternehmensinterne Koordinationskosten überkompensiert werden könnten, und zwar in dem Maß, in dem Zahl und Heterogenität der Aktivitäten, die unter einer einheitlichen Leitung zusammengefaßt sind, steigen, wird häufig außer Acht gelassen.

In der Forderung nach „Preisparität" kann insofern eine Pfadabhängigkeit gesehen werden, als die Agrarökonomen und Agrarpolitiker, die dafür eintreten, Preise nach wie vor nur in ihrer Funktion als Kostenersatz sehen.[55] Dabei werden die Kosten der Landwirtschaft häufig als „objektiv" gegeben angenommen (*Wädekin* 1995, S. 1110). In einer marktwirtschaftlichen Ordnung ist die wichtigste Funktion des Preises jedoch die eines Knappheitsindikators. Die Veränderung der relativen Preise zeigt den Marktteilnehmern, was sich lohnt anzubieten bzw. nachzufragen (*Hayek* 1968/94b, S. 253). Dies bedeutet, daß letztendlich die auf dem Markt erzielten Preise über die Kosten entscheiden und nicht umgekehrt. Kann der Unternehmer zu den herrschenden Preisen nicht anbieten, muß er versuchen, seine Kosten zu senken oder, wenn dies nicht möglich ist, aus dem Markt ausscheiden. Eine Festschreibung eines bestimmten Verhältnisses der Preise für Industrieerzeugnisse und landwirtschaftliche Produkte käme also einer Anmaßung von Wissen über die tatsächlichen Knappheiten gleich.

Ein weiterer Punkt, der bei der Forderung nach Preisparität in Rußland oft übersehen wird, ist, daß moderne Volkswirtschaften nicht stationär sind, sondern daß ständig Änderungen stattfinden, an die sich Produzenten und Konsumenten anpassen müssen, soll das bisherige Wohlstandsniveau erhalten werden (*Hayek* 1968/94b, S. 259). Eine Festschreibung der Preis- und damit auch Einkommensstruktur würde die Anpassung an Veränderungen etwa der Nachfragepräferenzen jedoch verhindern oder zumindest stark behindern. Eine Landwirtschaft, die auf der Idee der Parität basieren würde, wäre somit

---

54 Vgl. hierzu *Wandel* (2001, S. 50 ff.); *Hockmann, Wandel* und *Shaikin* (2003a, S. 1248 f.); *Hockmann, Wandel* und *Shaikin* (2003b, S. 382 f.).

55 So schreibt beispielsweise *Rodionova* (2002b, S. 158): „Der Preismechanismus ist nicht in der Lage, allen Marktteilnehmern Vorteile zu bringen". Das trifft insofern zu, als mit Vorteilen die vollständige Kostendeckung und ein „ausreichendes" Einkommen gemeint sind.

in hohem Maße ineffizient, denn dies würde „zu einer Aufhebung der Kräfte führen, die die landwirtschaftliche Produktion auf die zu den niedrigsten Kosten arbeitenden Produzenten und auf immer noch gewinnbringende Produkte einschränken" (*Hayek* 1991, S. 448).

Will man trotzdem die Vorstellung realisieren, daß das Verhältnis der Preise für Industriegüter und landwirtschaftliche Erzeugnisse wie vor Transformationsbeginn auch weiterhin 1:1 zu betragen habe, so ließe sich dies auf den ersten Blick einfacher in die Tat umsetzen, wenn die damit beauftragte Instanz dazu nur relativ wenige integrierte Wirtschaftseinheiten zu kontrollieren hätte (vgl. auch z.B. *Gricenko* und *Šatilov* 2002, S. 190 f.). Ob sich die so konstruierte Unternehmensintegration aber auch in der heutigen russischen Realität wirklich effektiv kontrollieren läßt, hängt davon ab, wie eng Staat und Wirtschaft in der jeweiligen Region verflochten sind und wie die Machtverteilung zwischen staatlichen Organen und Wirtschaft konkret aussieht. *Ušačev* (2002a, S. 9) berichtet aus dem Oblast Belgorod, daß es dort für die Oblastregierung und ihre Verwaltung auf kommunaler Ebene tatsächlich immer schwieriger sei, Einfluß auf die integrierten Unternehmen zu nehmen, weil die Transparenz ihrer Geschäftstätigkeit für Außenstehende mit steigendem Integrationsgrad verloren ginge. Anders als im Oblast Orel hält der Staat in Form der Oblastregierung in Belgorod selber an keiner Agroholding Beteiligungen, die es ihm ermöglichen würden, über seine Vertretung in den Leitungsorganen der Holding Zugang zu Informationen zu bekommen und Einfluß auf das Unternehmen zu nehmen.

Genauso problematisch wie die Propagierung bestimmter unternehmerischer Organisationsstrukturen ist die Förderung von als prioritär betrachteten Nahrungsmitteln. Welche Nahrungsmittel produziert werden sollen, entscheiden in einer Marktwirtschaft, für die das Prinzip der Konsumentensouveränität charakteristisch ist, nicht irgendwelche zentralen Behörden, die aufgrund ernährungsphysiologischer Notwendigkeiten einen Bedarf errechnen[56], sondern einzig und allein die Konsumenten. Sie bringen im Rahmen ihrer Konsummöglichkeiten die Nahrungsmittelproduzenten dazu, jene Güter anzubieten, die ihren Wünschen entsprechen. Wiederum ist es der freie Wettbewerb, der nicht nur das auf alle Gesellschaftsmitglieder verstreute Wissen über die Präferenzen der Konsumenten, sondern auch über kostengünstige Möglichkeiten zur Herstellung der nachgefragten Produkte bekannt und nutzbar macht. Wichtig ist deshalb, daß die Wirtschaftssubjekte möglichst klare, unverfälschte Signale bekommen, und zwar im wesentlichen über die Änderung der relativen Preise und andere wettbewerbsrelevante Informationen. Aus diesem Grund sind Preisbelastungen etwa in Form von Zöllen oder die Realisierung der Preisparität, also die Festsetzung eines festen Verhältnisses der Preise für Agrarprodukte zu den Preisen der Industrieprodukte, Aktionen, mit denen die Konsumentensouveränität eingeschränkt wird.

---

56 Ein Beispiel hierfür ist das geplante Programm der Regierung zur Förderung der Sojaproduktion. Ausgehend von einer Studie des Ernährungsinstituts der Russischen Akademie der Wissenschaften, nach dem die Proteinversorgung in Rußland um 40 % unter der empfohlenen Norm liegt, plant die Regierung die Ausweitung der Sojaproduktion auf jährlich 150 000 t und eine entsprechende Erweiterung der Verarbeitungskapazitäten um 18 Betriebe (*Agra-Europe* 43/03, 27.10.2003, Kurzmeldungen 11).

Die aufgeführten Maßnahmen mit lenkendem Charakter sind noch aus einem weiteren Grund bedenklich: Sie widersprechen dem Prinzip, daß für alle Marktakteure die gleichen Regeln gelten müssen, weil sie einseitig bestimmte Unternehmen, nämlich landwirtschaftliche Unternehmen, und einen einzelnen Volkswirtschaftssektor (den Agrarsektor) begünstigen. Selbst innerhalb des Agrarsektors werden wiederum einzelne Branchen wie die Zucker-, Getreide- und jüngst die Fleischwirtschaft bevorzugt behandelt.

Schließlich werden bei diesen Maßnahmen die vielfältigen Wechselbeziehungen übersehen, die zwischen den einzelnen Sektoren und Branchen bestehen, so etwa zwischen der Getreide- und Fleischwirtschaft. Einerseits wird die Tierproduktion als zu gering betrachtet, andererseits werden die sinkenden Preise und Einnahmen für die Getreideproduzenten beklagt. Anstatt auf die Selbstkoordination der Wirtschaftssubjekte und die Selbstkontrolle durch den Wettbewerb zu vertrauen, hat die russische Regierung mit der Einführung der Getreideinterventionen, der später die Einführung von Importkontingenten für Fleisch folgten, eine Interventionsspirale in Gang gesetzt. *Hayek* (1991, S. 446) hat wie viele andere in seinen Ausführungen zur Landwirtschaft auf die Wechselbeziehungen zwischen der Getreide- und Fleischproduktion und die negativen Folgen einer in diesem Zusammenhang betriebenen interventionistischen Politik hingewiesen. Danach würde die Produktion tierischer Erzeugnisse begünstigt werden, „wenn die Landwirtschaft dazu geführt werden würde, von diesen erwünschten Produkten zu verringerten Kosten mehr zu erzeugen. Das würde zustande kommen, wenn man die Preise des Getreides so weit sinken ließe, daß es dafür stünde, es zur Viehfütterung zu verwenden und so indirekt die Nahrungsmittel erzeugen würde, die die Konsumenten wünschen. Eine solche Entwicklung würde verhindern, daß der Gesamtverbrauch an Getreide so stark sinkt, als das ohne solche Verwendung geschähe, und würde zugleich die Kosten für Fleisch usw. herabsetzen. Das wird aber gewöhnlich durch eine Politik unmöglich gemacht, die die Getreidepreise auf einem solchen Niveau hält, daß der menschliche Konsum das Angebot nicht aufbrauchen kann und der Verbrauch für andere Zwecke nicht profitabel ist".

7. Ausblick

Die Analyse der agrarpolitischen Regierungsprogramme und der bislang tatsächlich praktizierten Agrarpolitik unter Präsident *Putin* hat gezeigt, daß dem Staat nach wie vor ein übergroßer Wissensvorsprung zugeschrieben wird, wenn es darum geht, die Lage der russischen Agrar- und Ernährungswirtschaft zu verbessern. Zwar proklamiert die russische Regierung das Ziel, den Auf- und Ausbau der rechtlich-institutionellen Rahmenbedingungen voranzubringen, doch liegt in den Programmen das Schwergewicht bei Maßnahmen, die eindeutig prozeßlenkenden und protektionistischen Charakter haben. Dies ist auch in der bisher praktizierten Agrarpolitik unverkennbar. Auf föderaler Ebene ist unter *Putins* Landwirtschaftsminister *Aleksej Gordeev* eine Verstärkung des außenwirtschaftlichen Protektionismus zu erkennen, während binnenwirtschaftliche Regulierungen bislang auf den Getreidemarkt beschränkt sind (vgl. auch *IET* 2004b, S. 240). Dagegen sind in einigen Föderationssubjekten darüber hinausgehende Staatseingriffe in den Wirtschaftsprozeß des regionalen Agrarsektors anzutreffen. Damit maßt sich der Staat einen Wissenstand an, den dieser angesichts der tatsächlichen Verteilung des Wissens in der Gesellschaft niemals haben kann. Gleichzeitig werden mit der staatsbürokratischen Wissensanmaßung Handlungsstrukturen in der Agrarpolitik wiederbelebt, die deutliche Züge eines überall in der Welt gescheiterten punktuellen Interventionismus aufweisen.

So wird gegenwärtig in Rußland der Entwurf eines Agrargesetzes diskutiert, der von Vertretern der Agrarlobby mit Unterstützung namhafter russischer Agrarökonomen (u.a. den Akademiemitgliedern *Viktor N. Chylstun* und *Ivan G. Ušačev*) nach dem Vorbild des deutschen Landwirtschaftgesetzes von 1955 verfaßt wurde. Danach soll die russische Regierung verpflichtet werden, den Agrar- und Ernährungssektor mit marktwidrigen Mitteln der Wirtschafts- und Agrarpolitik zu unterstützen. Im dem Gesetzentwurf wird zunächst die Entwicklung des Agro-Industriellen Komplexes bis zum Jahr 2010 vorgezeichnet. Anschließend werden die Instrumente, die die Verfasser zur Regulierung des Sektors als notwendig erachten, dargestellt (*Interfax* 2004a, S. 4f.). Im wesentlichen werden dabei die in den bisher existierenden und hier behandelten Entwicklungsprogrammen aufgeführten Ziele und Maßnahmen der Agrarpolitik aufgegriffen. Die Kosten für die Umsetzung des Programms werden auf mindestens 60 Mrd. Rubel pro Jahr veranschlagt, während im Staatshaushalt nicht mehr als 30 Mrd. Rubel pro Jahr an Ausgaben für den Agrarsektor vorgesehen sind (*Interfax* 2004b, S. 4; *IET* 2004a, S. 32 ff.).

Bei einer tatsächlichen Verabschiedung und Umsetzung des russischen Agrargesetzes und damit einer Fortsetzung oder gar Verstärkung der zunehmend protektionistischen und interventionistischen Charakter tragenden Politik steht zu befürchten, daß der russische Agrarsektor auf lange Sicht vom Staat abhängig bleibt und auf Kosten der übrigen Bevölkerung leben wird. Zwar ist es verständlich, daß die russische Regierung nicht zuletzt angesichts kaum vorhandener alternativer Einkommensmöglichkeiten im ländlichen Raum Rußlands versucht, die Menschen, die in der Landwirtschaft tätig sind, vor sozialen Härten zu bewahren. Dazu gehört etwa, die Eröffnung des Konkursverfahrens gegen landwirtschaftliche Betriebe zu vermeiden, oder der Schutz des Sektors durch binnen- und außenwirtschaftliche Interventionen. Allerdings ist fraglich, ob den Menschen langfristig geholfen ist, wenn damit die notwendigen Anpassungen der Agrar- und Ernährungswirtschaft zwar nicht völlig verhindert, aber doch erheblich hinausgezögert werden. Die Erfahrungen in etablierten Marktwirtschaften belegen, daß die geschützten Sektoren oder Unternehmen in der Regel nie die erhoffte Wettbewerbsfähigkeit erreicht haben, weil die Wirtschaftssubjekte schnell begreifen, daß „es sehr viel einträglicher wird, politischen Einfluß zu besitzen, als zu den Mitteln der Bedürfnisbefriedigung seiner Mitmenschen beizutragen" (*Hayek* 1981, S. 138). Dann wird es zunehmend schwerer, wenn nicht gar unmöglich, protektionistische Maßnahmen, selbst wenn sie zunächst nur für eine begrenzte Zeit gedacht waren, wieder zurückzunehmen. Hat sich nämlich die wirtschaftliche Lage in der entsprechenden Branche trotz oder wegen dieser Maßnahmen nicht gebessert, dann wird in den Parlamenten niemand gegen einen Antrag auf Verlängerung der Schutzmaßnahmen stimmen wollen, weil dies ein Eingeständnis des Mißerfolgs wäre und die politisch Verantwortlichen dann um ihre Wiederwahl fürchten.

Wieweit und wie lange Regierungen eine staatliche Regulierung des Agrarsektors aufrechterhalten können, hängt davon ab, ob sie willens und in der Lage sind, die damit verbundenen finanziellen Mittel aufzubringen. Wenn lenkende staatliche Eingriffe aufgrund schwindender Mittel im Staatshaushalt nicht mehr finanzierbar sind und deshalb eingestellt werden müssen, fallen im Endeffekt die sozialen Härten für die Wirtschaftssubjekte in dem regulierten Sektor größer aus, als wenn eine kontinuierliche Anpassung an die sich fortwährend veränderten Erfordernisse des Marktes zugelassen würde. Darauf weist auch *Hayek* (1991, S. 449 f.) speziell mit Blick auf den Agrarsektor hin:

> „...nichts, was wir tun können, außer wir wollen den Fortschritt in Technik und Wohlstand zum Stillstand bringen, kann die Notwendigkeit dieser Anpassungen umgehen; und der Versuch, ihre Folgen durch zwangsweise Übertragungen von Einkommen von der städtischen auf die landwirtschaftliche Bevölkerung zu mildern, muß durch deren Verzögerung einen immer größeren Rückstand aufgeschobener Anpassungen zur Folge haben und so das Problem nur schwieriger machen".

Betrachtet man die regulierenden Maßnahmen, die von der Föderationsregierung *Putin* aus den Programmen bislang umgesetzt wurden, dann zeigt sich, daß es sich mit Ausnahme der Getreideinterventionen im wesentlichen um Instrumente der Außenhandelspolitik wie Importzölle und -quoten handelt, die den Staatshaushalt unmittelbar wenig kosten (vgl. auch *IET* 2004b, S. 240).[57] Dies deutet darauf hin, daß sich die russische Föderationsregierung wie schon in der *Jelzin*-Ära ihrer begrenzten finanziellen Möglichkeiten bewußt ist und deshalb staatliche Subventionsprogramme zur Produktions- und Investitionslenkung zumindest auf föderaler Ebene wenig Aussicht haben, umgesetzt zu werden. Dafür spricht auch, daß der Einfluß der konservativen Agrarlobby seit den Parlamentswahlen 1999 in den politischen Entscheidungsorganen ständig zurückgegangen ist. Hatten die Agrarpartei Rußlands und die Kommunistische Partei in der 1993er Duma und in der 1995er Duma stets eine Sperrminorität von knapp einem Drittel der Sitze (*Pleines* 2003, S. 281 f.), verringerte sich deren Anzahl in den drauffolgenden zwei Parlamentswahlen drastisch. Nach den jüngsten Parlamentswahlen im Dezember 2003 sind die Kommunisten „nur" noch mit 52 von insgesamt 448 Sitzen und die Agrarpartei mit lediglich zwei Direktmandaten vertreten.

Mit diesen Sitzanteilen von knapp 12 % bzw. 0,5 % sind diese beiden Parteien nicht mehr in der Lage, die Agenda des Unterhauses mitzubestimmen oder gar die Verabschiedung ihnen nicht genehmer Gesetze zu verhindern (*Ognivcev* 2002, S. 405; *Wiest* 2004a, S. 2 und S. 6). Außerdem besitzen sie jetzt noch weniger Möglichkeiten als früher, sich gegenüber den als wirtschaftsliberal geltenden Politikern im Wirtschafts- und Finanzministerium (*Sergejewa* 2000) in der Auseinandersetzung um mehr Mittel für den Agrarsektor durchzusetzen. Von daher scheint eine weitergehende binnenwirtschaftliche Regulierung der Agrarmärkte trotz anderslautender Bekundungen in den Regierungsprogrammen zumindest auf föderaler Ebene nach dem Vorbild der EU-Agrarmarktordnungen in naher Zukunft nicht sehr wahrscheinlich.

---

57 Indirekt bestehen die Kosten unter anderem darin, daß jede Importbeschränkung auf eine Exporterschwerung hinausläuft.

Inwieweit auf regionaler Ebene in einzelnen Föderationssubjekten bisherige Regulierungen beibehalten oder weitere eingeführt werden, ist gegenwärtig schwer abzuschätzen. Dies dürfte davon abhängen, inwieweit die Regionalregierungen in der Lage sind, eine der Föderationsregierung widersprechende agrarpolitische Linie durchzusetzen. Nachdem die Bildung des Föderationsrates im August 2000 geändert wurde, haben die Gouverneure bzw. Präsidenten der Föderationssubjekte ihre Sitze in diesem Gremium und damit auch ihre Einflußmöglichkeiten verloren. Seither hat sich die zweite Kammer „von einem eigenständigen ‚Vetopunkt' zum Erfüllungsgehilfen des Präsidenten" gewandelt, der die föderalen Entscheidungen nur noch absegnet (*Wiest* 2004b, S. 17). Von daher sind der Durchführung einer eigenen, dem Zentrum diametral entgegengesetzten Politik engere Grenzen gesetzt. Selbst aus dem bislang als kommunistisch geltenden Oblast Orel wird berichtet, daß die dortige Regionalregierung mit ihrem Gouverneur *Stroev* an der Spitze zunehmend auf die politische Linie der sogenannten Partei der Macht („Edinaja Rossija") einschwenkt (*Fedorova* 2004). Demgegenüber ist eine weitere Erhöhung des außenwirtschaftlichen Schutzes nicht auszuschließen, da die russische Föderationsregierung die Interessen des Agrar- und Ernährungssektors nicht völlig ignorieren kann und will, was durch entsprechende Äußerungen des Präsidenten und Ministerpräsidenten zum Ausdruck kommt.[58] Zwar hat sich das Gewicht der durch die Kommunistische Partei und die Agrarpartei vertretenen konservativen Agrarlobby in der Duma deutlich verringert. Im Gegenzug haben jedoch verschiedene Branchenverbände der Agrar- und Ernährungswirtschaft zunehmend an Bedeutung gewonnen. Die bislang einflußreichsten sind die Zucker-, Getreide- und Fleischunion. Die Zuckerunion hat schon in der *Jelzin*-Ära erfolgreich für die Einführung von Importkontingenten gekämpft, die auch unter *Putin* beibehalten wurden. Und der Getreide- und der Fleischunion gelang es, mit den Getreideinterventionen und den Importquoten bei Fleisch verstärkt in den Genuß staatlicher Schutzmaßnahmen zu kommen. Diese Branchenverbände sind in der Regel nicht mit der konservativen Agrarlobby identisch. Sie vertreten in ihrer Mehrzahl die Interessen der Verarbeitungs- und Handelsunternehmen, die zum Teil zu kapitalstarken Agroholdings gehören, und weniger die der landwirtschaftlichen Erzeuger. Dies kommt dadurch zum Ausdruck, daß sie zwar für einen stärkeren Schutz gegenüber verarbeiteten Lebensmitteln eintreten, aber bei landwirtschaftlichen Rohstoffen an relativ moderaten Zollsätzen und Quoten interessiert sind, um die Kapazitätsauslastung ihrer Betriebe mit günstigen Rohstoffen sicherzustellen (vgl. Kapitel 4 sowie *Serova* 2001, S. 302 ff.; *Wegren* 2002b, S. 31). Darüber hinaus wird vermutet, daß die russische Regierung für ihre Verhandlungen über den WTO-Beitritt das im internationalen Vergleich relativ geringe Protektionsniveau des Agrar- und Ernährungssektors erhöhen möchte, damit es bei den WTO-Verhandlungen leichter wird, Zugeständnisse zu machen und der beim WTO-Beitritt unumgängliche Abbau der Schutzmaßnahmen nicht zu groß ausfällt (*IET* 2004b, S. 240; *Hishow* 2004, S. 202).

Die politische Entscheidung, der Welthandelsorganisation beizutreten, fiel bereits zu Beginn der 1990er Jahre. Allerdings wurde die Realisierung unter *Jelzin* vor dem Hin-

---

58 Vgl. *Wegren* (2002a, S. 30 f.); *Agra-Europe* 39/03, 29.09.03, Länderberichte 25; *Agra-Europe* 7/04, 16.02.04, Länderberichte 39.

tergrund der eingetretenen Transformationskrise und der instabilen politischen Machtverhältnisse nur zaghaft vorangetrieben. Präsident *Putin* und seine Regierung möchten nun relativ rasch die Beitrittsverhandlungen zu einem erfolgreichen Ende führen (*Hishow* 2004, S. 197). Auch die meisten Vertreter der konservativen Agrarlobby, die ansonsten einer allzu liberalisierten Agrarwirtschaft kritisch gegenüberstehen, bestreiten nicht die Notwendigkeit, daß Rußland der internationalen Handelsorganisation angehören soll (vgl. z.B. *Ušačev* 2003b, S. 19). Als Vorteil versprechen sie sich zum einen verbesserten Marktzugang russischer Erzeugnisse im Ausland. Zum anderen wird die Möglichkeit, den für WTO-Mitglieder üblichen Mechanismus zur Beilegung von Handelsstreitigkeiten in Anspruch nehmen zu können, positiv hervorgehoben. So wird es dann z.b. nicht mehr möglich sein, daß die Regierung eines WTO-Mitgliedslandes einseitig Strafzölle für russische Güter verhängen kann (*Hishow* 2004, S. 196). Ein weiterer Vorteil wird schließlich darin gesehen, im Falle einer WTO-Mitgliedschaft aktiv bei der Gestaltung der welthandelspolitischen Rahmenbedingungen mitwirken und dabei die nationalen Interessen besser verteidigen zu können.

Allerdings werden die Vorteile, die der WTO-Beitritt der russischen Volkswirtschaft als ganzes in Form von gesamtwirtschaftlichen Wohlfahrtsgewinnen bringt und die in der einschlägigen Lehrbuchliteratur zur Außenwirtschaftstheorie hinlänglich herausgearbeitet wurden, von vielen russischen Agrarökonomen und -politikern nicht gesehen. Deshalb drängen sie zusammen mit der konservativen Agrarlobby darauf, die Öffnung im Bereich der Agrar- und Ernährungswirtschaft nicht zu weit zu treiben, da sie Einbußen ihres Sektors und für die bereits erwähnte Ernährungssicherheit fürchten (*Ušačev* 2003a, S. 10; 2003b, S. 19). Bei ihrer Argumentation verweisen sie auf den Schutz, den westliche Länder, allen voran die EU, ihren Agrarproduzenten in Form von Subventionen und Handelsbeschränkungen zukommen lassen. Um diese als unfair erachteten Wettbewerbsbedingungen auszugleichen, treten die Interessenvertreter der russischen Landwirtschaft für einen ähnlichen Schutz des eigenen Sektors mit Hilfe von Subventionen und Einfuhrzöllen ein (*Center for Economic and Financial Research* 2001, S. 8). Tatsächlich sind Agrarsubventionen nach den WTO-Regeln auch nicht grundsätzlich verboten. Allerdings verlangt die WTO, daß einmal gemeldete Subventionsbeträge nicht weiter aufgestockt werden. Lediglich die Nachweise einer sektoralen Notlage lassen Ausnahmen zu. Als Verhandlungsbasis dient in der Regel der Unterstützungsbetrag, den die nationale Regierung dem Agrarsektor in den letzten Jahren vor dem Beitritt zukommen ließ. Dagegen will die russische Seite erreichen, daß die späten 1980er Jahre, als die Sowjetunion die Landwirtschaft umfassender unterstützte, als Orientierungsbasis herangezogen werden (*Hare* 2002, S. 17). Da die Landwirtschaft allgemein als handelspolitischer Sonderfall gilt, bei dem die Prinzipien des internationalen Wettbewerbs weniger streng angewendet werden, sind die Verhandlungspartner bereit, der russischen Seite entgegenzukommen. Ihren Wünschen nach erhöhtem Schutz entsprechend, soll Rußland ein Subventionsplafonds in Höhe von 16 Mrd. US-$ im Jahr eingeräumt werden. Allerdings bezweifeln Experten den Sinn des russischen Drucks zugunsten größerer Subventionen, denn der Staat ist kaum in der Lage, die zugestandenen Mittel bereitzustellen (*Hare* 2001, S. 18).

Zwar ist der Ruf nach höherem Schutz des russischen Agrarsektors angesichts subventionierter Agrarprodukte ausländischer Anbieter auf dem russischen Markt und tarifärer Importbarrieren in den westlichen Ländern aus Gründen wirtschaftspolitischer „Waffengleichheit" verständlich, doch aus ökonomischer Sicht ist Rußland dringend davon abzuraten, den agrarpolitischen Weg der westlichen Industrieländer und insbesondere der EU auch nur ansatzweise zu folgen. Aus allokations- und verteilungstheoretischen Gründen, die zwei zentrale Aspekte des Wissensproblems darstellen, wäre Rußland gut beraten, vor einer weiteren Erhöhung der Regulierung und Stützung der heimischen Agrar- und Ernährungswirtschaft abzusehen und statt dessen den Weg in Richtung konsequenter Liberalisierung zu beschreiten. Viele volkswirtschaftliche und agrarökonomische Studien in westlichen Ländern haben gezeigt, daß alles andere eine schwere wirtschaftliche Selbstschädigung darstellt, da es zu einer intersektoralen und internationalen Fehlallokation knapper Produktionsfaktoren, einer Belastung der Konsumenten in Form teurerer Lebensmittelpreise als bei freien Agrarmärkten und zu ausufernden Staatsausgaben[59] kommt.[60]

Die in dieser Politik zum Teil zum Ausdruck kommende und in und für Rußland häufig geäußerte Befürchtung, daß bei einer nur gering geschützten oder gar vollständig den Marktkräften überlassenen Anpassung die Landwirtschaft gänzlich verschwinden könne (*Wegren* 2002b, S. 35), ist nicht zu erwarten. Das beste empirische Beispiel hierfür ist Neuseeland. Dort hat die Regierung 1984 im Rahmen eines umfassenden Deregulierungsprogramms[61] beschlossen, die Unterstützung der heimischen Agrar- und Ernährungswirtschaft in Form von Subventionen und außenhandelspolitischen Protektionsmaßnahmen nahezu vollständig abzubauen. Stammten 1983 noch 35 % des Einkommens der Landwirte aus staatlichen Subventionen, war dieser Anteil 1992 schon auf 3 % abgebaut und belief sich 2003 gerade noch auf 2 %. Bei diesen 2 % handelt es sich allerdings ausschließlich um Mittel für die Agrarforschung (*Helbling* 1996, S. 25; *Smith* und *Montgomery* 2003, S. 107). Zwar ist es durch den Wegfall der Stützung zu den erwarteten Anpassungs- und Umstrukturierungsprozessen[62] im Agrarsektor gekommen,

---

59 Die Ausgaben für die Gemeinsame Agrarpolitik der EU erreichten in der Zeit zwischen 1978 und 1984 ihren Höhepunkt mit einem Anteil von 65 % am gesamten EU-Haushalt (*Henrichsmeyer* und *Witzke* 1994, S. 563). Im Jahre 2003 betrug der entsprechende Anteil immer noch 46 % (*information.medien.agar e.V. (i.m.e)* und *ZMP-Zentrale Markt- und Preisberichtstelle* 2004, S. 44).

60 Vgl. z.B. *Meyer* (1957); *Willgerodt* (1974); *Bartling* (1984; S. 31 ff.); *Henrichsmeyer* und *Witzke* (1994, S. 593 ff.); *Schmitt* und *Burose* (1995, S. 48 ff.); *Koester* (1995; 1997; 2000).

61 Vgl. ausführlicher zu den Hintergründen und dem Verlauf des Deregulierungsprogramms für die gesamte neuseeländische Volkswirtschaft u.a. *Knorr* (1997); *Evans et al.* (1996); *Voigt* (2002, S. 287) sowie zur Liberalisierung im Agrarsektor *Scrimgeour* und *Pasour Jr.* (1996); *Helbling* (1996) und *Smith* und *Montgomery* (2003).

62 Unter anderem kam es zu einer Verringerung der Beschäftigung von Fremdarbeitskräften und einem rationalerem Einsatz anderer Inputfaktoren, insbesondere von Düngemitteln. Gleichzeitig haben viele Betriebe ihre Produktionsstruktur neu ausgerichtet. Die vorher stark gestützte Produktion von Schaf- und Rindfleisch wurde eingeschränkt und statt dessen die Produktion von Milch und Milchprodukten sowie höherwertiger Agrarerzeugnisse aus dem Bereich des Gartenbaus (exotische Früchte) und Wein ausgedehnt. Außerdem wurden

aber der Rückgang der Zahl der Landwirtschaftsbetriebe fiel weit geringer aus als befürchtet. Lediglich 1 % aller neuseeländischen landwirtschaftlichen Betriebe sollen ihre Tätigkeit eingestellt haben. Mittlerweile soll sich die Zahl der Betriebe sogar wieder auf den Stand vor Beginn der Reformen belaufen (*Scrimgeour* und *Pasour Jr.* 1996, S. 261 f. sowie auch *Smith* und *Montgomery* 2003, S. 108 f.). Nach Angaben des neuseeländischen Bauernverbandes „Farmers Federated", der die Reformen von Anfang an unterstützt hatte[63], sind die meisten Landwirte mit dem Ergebnis der Reformen zufrieden. Sie begrüßen die jetzige Situation, in der die neuseeländische Landwirtschaft frei von staatlicher Gängelung ist. Die Farmer sind stolz, daß sie den Anpassungsprozeß erfolgreich gemeistert haben und in der Lage sind, ohne staatliche Unterstützung erfolgreich zu wirtschaften (*Smith* und *Montgomery* 2003, S. 115 f.).

Eine solche Entwicklung und Einstellung der Menschen, die im Agrar- und Ernährungssektor tätig sind, ist auch für Rußland denkbar. Wie bereits erwähnt, ist dort die heimische Agrar- und Ernährungswirtschaft seit Transformationsbeginn relativ offen. Trotzdem ist sie nicht als wichtiger nationaler Sektor verschwunden, so daß dies bei einer Beibehaltung oder gar einem Abbau der bestehenden staatlichen Stützung ebenfalls nicht zu erwarten wäre (*Hishow* 2003, S. 19; *Center for Economic and Financial Research* 2001, S. 9). Zum anderen trifft es

„kaum jemals zu, daß alle Landwirte oder Bauern durch eine Entwicklung gleichermaßen bedroht sind. Es gibt unter den Bauern, die unter den gleichen Bedingungen arbeiten, einen ebenso großen Abstand zwischen Wohlstand und Armut wie in allen anderen Berufen. Wenn es in der Landwirtschaft eine fortwährende Anpassung an die sich verändernden Umstände geben soll, ist es wie in allen anderen Gebieten wesentlich, daß das Beispiel jener, die erfolgreich sind, weil sie die richtige Art, auf eine Veränderung zu reagieren, gefunden haben, von den übrigen nachgeahmt wird. Das bedeutet immer, daß gewisse Typen verschwinden werden" (*Hayek* 1991, S. 449 f.).

Welche Typen verschwinden werden und welche überleben und sich positiv entwickeln, dies herauszufinden kann aufgrund des unzureichenden Wissens nicht Aufgabe des Staates sein, sondern dies wird der Wettbewerb in seiner Funktion als Entdeckungsverfahren zeigen. Dem russischen Staat sowohl auf föderaler als auch regionaler Ebene bleibt deshalb nicht mehr, aber auch nicht weniger zu tun, als sich an den folgenden Rat *Hayeks* (1974/96, S. 14) zu halten:

„Wenn der Mensch in seinem Bemühen, die Gesellschaftsordnung zu verbessern, nicht mehr Schaden stiften soll als Nutzen, wird er lernen müssen, daß er in diesem Gebiet wie in anderen Gebieten, in denen inhärente Komplexität von organisierter Art besteht, nicht volles Wissen erwerben kann, das die Beherrschung des Geschehens möglich machen würde. Er wird daher, was immer er an Wissen erwerben kann, nicht dazu verwenden dürfen, um Ergebnisse zu formen, wie der Handwerker sein Werk formt, sondern ein Wachsen kultivieren, indem er die Umgebung schafft, wie es der Gärtner für seine Pflanzen macht".

---

zusätzliche Einkommensquellen etwa im Tourismus erschlossen (*Evans et al.* 1996, S. 1890 ff.; *Smith* und *Montgomery* 2003, S. 110 ff.).

63 Zu den politökonomischen Hintergründen der Unterstützung der Reformen durch den Bauernverband und die meisten neuseeländischen Bauern vgl. *Scrimgeour* und *Pasour Jr.* (1996, S. 262 ff.); *Evans et. al.* (1996, S. 1890 ff.).

Literatur

Agra-Europe, Wochenschrift, Bonn, verschiedene Ausgaben.

Agrarnaja partija Rossii (Agrarpartei Rußlands) (2004), http://www.agroparty.ru/party/ history.php (abgerufen am 15.11.2004).

Achmetov, R. G. (2002), O soveršentvovanii ekonomičeskogo mechanisma upravlenija integrirovannymi formirovanijami (Über die Vervollkommnung des ökonomischen Mechanismus zur Leitung integrierter Formen), in: Ekonomika sel'skochozjajstvennych i pererabatyvajuščich predprijatij, 11/2002, S. 46 f.

Aslund, Anders (2001), The Myth of Output Collapse after Communism, Carnegie Endowment Working Paper, Nr. 18, March, http://www.ceip.org/files/publications/wp18.asp (abgerufen am 20.10.2004).

Babinceva, E. und *I. Davtjan* (2000), Agropromyšlennyj konglomerat – perspektivnaja forma integracii (Das agro-industrielle Konglomerat – eine Integrationsform mit Zukunft), in: APK, Heft 12, S. 35-39.

Baklaženko, G. A. (2003), Razvitie integracionnych processov v APK na osnove transformacii sobstvennosti (Die Entwicklung von Integrationsprozessen im AIK auf der Grundlage der Transformation von Eigentum), in: Ekonomika sel'skochozjajstvennych i pererabatyvajuščich predprijatij, 2/2003, S. 8-11.

Bartling, Hartwig (1984), Landwirtschaft, in: *Peter Oberender* (Hg.), Marktstruktur und Wettbewerb in der Bundesrepublik Deutschland, Branchenstudien zur deutschen Volkswirtschaft, München, S. 1-51.

Böhm, Franz (1950), Die Idee des ORDO im Denken Walter Euckens. Dem Freund und Mitherausgeber zum Gedächtnis, in: ORDO, Jahrbuch für die Ordnung von Wirtschaft und Gesellschaft, Bd. 3, S. XV-LXIV.

Borchunov, N. (2003), Paritet cen i dochodnost' sel'skogo chozjajstva (Preisparität und Einkommensituation der Landwirtschaft), in: APK, Heft 5, S. 40-46.

Center for Economic and *Financial Research* (2001), Russia and the WTO: Myth and Reality, www.hhs.se/site/Publications/WTO-report_0907.pdf (abgerufen am 18.07.2003).

Cherkasov, Vitaly (2002), Verwaltungsreformen und Wirtschaft, in: *Dieter Duwendag* (Hg.), Reformen in Rußland und deutsch-russische Wirtschaftsbeziehungen, Schriften zur monetären Ökonomie, Bd. 46, Baden-Baden, S. 85-95.

Chramova, Irina (2002), Rossijskij rynok sachara v 2002 g: itogi 3-ch letnego gosudarstvennogo regulirovanie (Der russische Zuckermarkt im Jahr 2002: Ergebnisse der dreijährigen staatlichen Regulierung), in: *IET – Institut for the Economy in Transition* (Hg.), Rossijskaja ekonomika: tendencii i perspektivy. Oktjabr' 2002 goda, www.iet.ru/ archiv/zip/10-02.pdf., S. 27-29.

Demsetz, Harold (1969), Information and Efficiency: Another Viewpoint, in: Journal of Law and Economics, Vol. 12, No. 1, pp. 1-22.

Dobrynin, V. A. und *A. S. Ivanov* (1997), Problemy vychoda agropromyšlennogo kompleksa iz krizisa (Probleme bei der Überwindung der Krise des Agro-Industriellen Komplexes), in: Ekonomika sel'skochozjajstvennych i pererabatyvajuščich predprijatij, 5/1997, S. 12-16.

Ekonomika sel'skogo chozjajstva (Ökonomie der Landwirtschaft), Nr. 8, 2002.

Eucken, Walter (1952/90), Grundsätze der Wirtschaftspolitik, 6., durchges. Aufl., Tübingen, 1990.

Evans, Lewis, Arthur Grimes, Bryce Wilkinson and *David Teece* (1996): Economic Reform in New Zealand 1984-95: The Pursuit of Efficiency, in: Journal of Economic Literature, Vol. XXXIV, December, S. 1856-1902.

Fedorova, Julija (2004), Orlovščina: krasnyj pojas bureet na glasach (Orel: Der rote Gürtel färbt sich schwarzbraun in den Augen), in: bbcrussion.com, http://www.news.couk/go/pr/fr/~/hi/russian/russia/newsid_3503000/3503528.stm (abgerufen am 08.04.2004).

Feldmann, Horst (2002), Arbeitsmarktpolitik im Transformationsprozeß: Eine Evaluation aus Sicht der Österreichischen Schule, in: Osteuropa-Wirtschaft, 47. Jg., Nr. 1, S. 1-23.

Forschungsstelle Osteuropa (2005), Russlandanalysen, Nr. 51, 14.01.2005.

Gerasin, Sergei und *Aleksandr Nikitin* (2002), Besteuerung der Landwirtschaft – Strategien der scheinbar Einflusslosen, in: Osteuropa, 52. Jg., Nr. 8, S. 1029-1039.

Gusmanov, I. U. (2002), Gosudarstvennoe regulirovanie sel'skochozjajstvennogo proizvodstva Respubliki Baškortostan, in: *Rossijskaja Akademija sel'skochozjajstvennych nauk; Vcerossijskij institut agrarnych problem i informatiki; Fond podderžki reformy i sel'skogo razvitija* (Hg.): Vlast', biznes i krest'janstvo: Mechanizmy effektivnogo vzaimodejstvija, Moskva, S. 118-119.

Götz, Roland (1997), Wirtschaftswachstum in Rußland: Faktoren und Perspektiven, Bericht des BIOst, Nr. 32, Köln.

Götz, Roland (2002), Zehn Jahre Wirtschaftstransformation in Rußland – und der Westen, in: Osteuropa (- Spezial), 52. Jg., Nr. 4, S. 55-73.

Goskomstat Rossii (2003), Rossijskij statističeskij ežegodnik 2003 (Russisches Statistisches Jahrbuch 2003), Moskva.

Gricenko, G. M. und *A. V. Šatilov* (2002), Integracija tovaroproizvoditelej kak faktor soveršenstvovanija sistemy upravlenija rajonnym APK (Die Integration der Warenerzeuger als Faktor der Vervollkommnung der Lenkung des AIK auf regionaler Ebene), in: *Rossijskaja Akademija sel'skochozjajstvennych nauk; Vcerossijskij institut agrarnych problem i informatiki; Fond podderžki reformy i sel'skogo razvitija* (Hg.), Vlast', biznes i krest'janstvo: Mechanizmy effektivnogo vzaimodejstvija, Moskva, S. 190-191.

Hare, Paul (2002), Russia and the World Trade Organization, Moskau, Juli 2002, Russian-European Center for Economic Policy, Working paper series, S. 17, www.som.hw.ac.uk/ecopgh/Russia%20and%20WTO%20paper.pdf (abgerufen am 03.09.3003).

Hayek, Friedrich A. von (1962/94), Wirtschaft, Wissenschaft und Politik, in: *Friedrich A. von Hayek*, Freiburger Studien, 2. Aufl., Tübingen, 1994, S. 1-17.

Hayek, Friedrich A. von (1967/94), Rechtsordnung und Handelnsordnung, in: *Friedrich A. von Hayek*, Freiburger Studien, 2. Aufl., Tübingen, 1994, S. 161-198.

Hayek, Friedrich A. von (1968/94a), Die Sprachverwirrung im politischen Denken, in: *Friedrich A. von Hayek*, Freiburger Studien, 2. Aufl., Tübingen, 1994, S. 206-231.

Hayek, Friedrich A. von (1968/94b), Der Wettbewerb als Entdeckungsverfahren, in: *Friedrich A. von Hayek*, Freiburger Studien, 2. Aufl., Tübingen, 1994, S. 249-265.

Hayek, Friedrich A. von (1974/96), Die Anmaßung von Wissen, in: *Wolfgang Kerber* (Hg.), Die Anmaßung von Wissen. Neue Freiburger Studien, Tübingen, 1996, S. 16-36.

Hayek, Friedrich A. von (1976), Law, Legislation and Liberty, Vol. 2: The Mirage of Social Justice, Chicago.

Hayek, Friedrich A. von (1981), Recht, Gesetzgebung und Freiheit, Bd. 3: Die Verfassung einer Gesellschaft freier Menschen, 2. Aufl., München, Landsberg a.L.

Hayek, Friedrich A. von (1982/96), Die überschätzte Vernunft, in: *Wolfgang Kerber* (Hg.), Die Anmaßung von Wissen. Neue Freiburger Studien, Tübingen, 1996, S. 77-101.

Hayek, Friedrich A. von (1986), Recht, Gesetzgebung und Freiheit, Bd. 1: Regeln und Ordnung, 2. Aufl., München, Landsberg a.L.

Hayek, Friedrich A. von (1991), Die Verfassung der Freiheit, 7. Aufl., Tübingen.

Helbling, Rudolf (1996), Überlebt der bäuerliche Familienbetrieb auch ohne Staat? Kein Vordringen der Kapitalgesellschaften nach der Agrarreform in Neuseeland, in: Neue Zürcher Zeitung, Nr. 173, 27./28. Juli 1996, S. 13.

Henrichsmeyer, Wilhelm und *Heinz Peter Witzke* (1991), Agrarpolitik, Bd. 1: Agrarökonomische Grundlagen, Stuttgart.

Henrichsmeyer, Wilhelm und *Heinz Peter Witzke* (1994), Agrarpolitik, Bd. 2: Bewertung und Willensbildung, Stuttgart.

Hishow, Ognian (2003), Rußlands Beitritt zur WTO – Auswirkungen und Interessen, SWP-Studie, Januar, Berlin, http://www.swp-berlin.org/pdf/ap/S03_03.pdf (abgerufen am 06.07.2004).

Hishow, Ognian (2004), Von der Sowjet- in die Weltwirtschaft. Rußlands Transformationsprozeß und seine Perspektiven, Baden-Baden.

Hockmann, Heinrich, Jürgen Wandel und *Vladimir Shaikin* (2003a), Integrated Structures in the Russian Agro-Food Sector, in: *Faculty of Economics, Split* (ed.), Enterprises in Transition: Proceedings. Fifth International Conference on Enterprise in Transition, Split-Tučepi, May 22 -24, 2003; pp. 1234-1254.

Hockmann, Heinrich, Jürgen Wandel und *Vladimir Shaikin* (2003b), Forward and Backward Integration in the Russian Agro-Food Sector, in: *Schulze, Eberhard, Elke Knappe, Eugenia Serova* und *Peter Wehrheim* (Hg.), Success and Failure of Transition – the Russian Agriculture between Fall and Resurrection, Studies on the Agricultural and Food Sector in Central and Eastern Europe, IAMO, Halle, S. 361-390.

Hoppmann, Erich (1999), Unwissenheit, Wirtschaftsordnung und Staatsgewalt, in: *Viktor Vanberg* (Hg.), Freiheit, Wettbewerb und Wirtschaftsordnung: Hommage zum 100. Geburtstag von Friedrich A. von Hayek, Freiburg, Berlin, München, S. 136-169.

IET – Institute for the Economy in Transition (2002), Rossijskaja ekonomika v 2001 godu: Tendencii i perspektivy, Moskva (Die russische Wirtschaft im Jahr 2001: Tendenzen und Perspektiven), http://www.iet.ru/trend/2001/18htm (abgerufen am 24.04.2002).

IET – Institute for the Economy in Transition (2003a), Ekonomiko-političeskaja situacija v Rossii: Sentjabr' 2003 (Die wirtschaftspolitische Lage in Russland: September 2003), Moskva, http://www.iet.ru/archiv/zip/09-03.pdf (abgerufen am 18.11.2003).

IET – Institute for the Economy in Transition (2003b), Rossijskaja ekonomika v 2002 godu: Tendencii i perspektivy (Die russische Wirtschaft im Jahr 2002: Tendenzen und Perspektiven), Moskva, http://www.iet.ru/trend/2002/razd3.pdf (abgerufen am 20.02.2003).

IET – Institute for the Economy in Transition (2004a): Ekonomiko-političeskaja situacija v Rossii v mae 2004 goda (Die wirtschaftspolitische Lage in Russland im Mai 2004), Moskva, http://www.iet.ru/files/text/trends/05-04.pdf (abgerufen am 15.07.2004).

IET – Institute for the Economy in Transition (2004b): Rossijskaja ekonomika v 2003 godu. Tendencii i perspektivy (Die russische Wirtschaft im Jahr 2003. Tendenzen und Perspektiven), Moskva, http://www.iet.ru/trend/2003_pdf (abgerufen am 15.07.2004).

information.medien.agar e.V. (i.m.e) und *ZMP – Zentrale Markt- und Preisberichtstelle* (2003), Agrimente 2003: Zahlen, Daten und Fakten zur deutschen Landwirtschaft, Meckenheim.

information.medien.agar e.V. (i.m.e) und *ZMP – Zentrale Markt- und Preisberichtstelle* (2004), Agrimente 2004: Zahlen, Daten und Fakten zur deutschen Landwirtschaft, Meckenheim.

Interfax (2004a), Food & Agriculture Report, Volume VII, Issue 1-2 (632-633), December 27 – January 9.

Interfax (2004b), Food & Agriculture Report, Volume XIII, Issue 22 (653), May 22-28.

Kirkow, Peter (1995), Roulette zwischen Zentrum und Regionen: Rußlands asymmetrischer Föderalismus, in: Osteuropa, 45. Jg., Nr. 11, S. 1004-1020.

Knabe, Bernd (2000), Putins "Strategiezentrum", in: Aktuelle Analysen des BIOst, Nr. 27, 5. Mai 2000, http://old.swp-berlin.org/biost/analysen00/a2000_27pdf (abgerufen am 18.11.2004).

Knorr, Andreas (1997), Das ordnungspolitische Modell Neuseelands: ein Vorbild für Deutschland?, Tübingen.

Koester, Ulrich (1995), Die europäische Agrarpolitik: Eine Reform ohne Ende?, in: Aus Politik und Zeitgeschichte, Beilage zur Wochenzeitung „Das Parlament", B33-34/95, 11. August, S. 25-33.

Koester, Ulrich (1997), Agrarpolitik im Dauerkonflikt mit Prinzipien der Sozialen Marktwirtschaft, in: ORDO, Jahrbuch für die Ordnung von Wirtschaft und Gesellschaft, Bd. 48, S. 341-362.

Koester, Ulrich (2000), Reform der EU-Agrarpolitik: Agenda 2000 auf dem Prüfstand, in: Wirtschaftswissenschaftliches Studium (WiSt), 29. Jg., Heft 4, S. 194-200.

Korobejkinov, M. M. (2002), Soveršenstvovanie protekcionistskoj podderžki sel'skogo chozjajstva (Die Vervollkommnung der protektionistischen Unterstützung der Landwirtschaft), in: Ekonomika sel'skochozjajstvennych i pererabatyvajuščich predprijatij, 2/2002, S. 49-52.

Košolkina, L. A. (2002), Razvitie sistemy gosudarstvennoj podderžki v APK, in: *Rossijskaja Akademija sel'skochozjajstvennych nauk; Vcerossijskij institut agrarnych problem i informatiki; Fond podderžki reformy i sel'skogo razvitija* (Hg.), Vlast', biznes i krest'janstvo: Mechanizmy effektivnogo vzaimodejstvija, Moskva, S. 21.

Košolkina, L. A. und *Ju. Zacharov* (2003), Ukreplenie finansovo-ekonomičeskogo sostojanija sel'skochozjajstvennych organisacij: problemy i puti rešenija (Die Stärkung der finanziellen und wirtschaftlichen Lage landwirtschaftlicher Organisationen: Probleme und Lösungsmöglichkeiten), in: Ekonomika sel'skochozjajstvennych i pererabatyvajuščich predprijatij, 1/2003, S. 16-20.

Krüsselberg, Hans-Günter (1983), Property Rights-Theorie und Wohlfahrtsökonomik, in: *Alfred Schüller* (Hg.), Property Rights und ökonomische Theorie, München, S. 45-77.

Krüßmann, Thomas M. (1996), Finanz-Industrie-Gruppen in der Russischen Föderation, in: Wirtschaft und Recht in Osteuropa (WiRO), 5. Jg., Heft 12, S. 447-451.

Kurcev, I. V. (1999), Integracionnye processy v APK Sibiri (Integrationsprozesse im AIK Sibiriens), in: Ekonomist, Nr. 3, S. 88-91.

Kurtoeva, L. M. (2003), Funkcionirovanie agrocholdingov v sfere APK Rossijskoj Federacii v 2001 godu (Die Funktionsweise der Agroholdings im AIK der Russischen Föderation im Jahre 2001), in: Informacionnyj bjulleten Ministerstva sel'skogo chozjajstva Rossijskoj Federacii, No. 3-4, S. 53-56.

Liefert, William (2001), Agricultural Reform: Major Commodity Restructuring but little Institutional Change, in: *Joint Economic Committee, Congress of the United States* (ed.): Russia's uncertain economic future, Washington, pp. 253-282, http://jec.senate.gov/_files/ RussiaEconomy.pdf (abgerufen am 20.08.2004).

Lubkov, A. N. (2000a), Razvitie integracionnych processov v APK (Die Entwicklung der Integrationsprozesse im AIK), in: Ekonomika sel'skochozjajstvennych i pererabatyvajuščich predprijatij, 4/2000, S. 24-26.

Lubkov, A. N. (2000b), Razvitie integracionnych processov v APK (Okončanie) (Die Entwicklung der Integrationsprozesse im AIK [Schluß]), in: Ekonomika sel'skochozjajstvennych i pererabatyvajuščich predprijatij, 5/2000, S. 44-47.

Luchterhandt-Michaleva, Galina (2001), Russlands Regionen in der Politik: Zum Verhältnis von Zentrum und Peripherie in der Russländischen Föderation, in: Der Bürger im Staat, 51. Jg., Heft 2/3: Russland unter Putin, S. 116-121.

Lukas, Zdenek und *Josef Pöschl* (2002), Die Landwirtschaft der Oststaaten 2001, in: Osteuropa-Wirtschaft, 52. Jg., Nr. 3, S. 221-240.

Meyer, Fritz W. (1957), Weltwirtschaft und Agrarpolitik, in: ORDO, Jahrbuch für die Ordnung von Wirtschaft und Gesellschaft, Bd. 9, S. 249-270.

Ministerstvo sel'skogo chozjajstva Rossijskoj Federacii (2001), Posobie po voprosam funkcionirovanija finansovo-promyšlennych grupp i drugich agropromyšlennych formirovanij (Handbuch zu Fragen der Funktionsweise Finanz-Industrieller Gruppen und anderer agroindustrieller Formationen), Moskva.

Mises, Ludwig von (1920/21), Die Wirtschaftsrechnung im sozialistischen Gemeinwesen, in: Archiv für Sozialwissenschaften, Bd. 47, S. 86-121.

Mises, Ludwig von (1922/81), Socialism – an Economic and Sociological Analysis, Liberty Fund Edition, Indianapolis, 1981.

Nazarenko, Konstantin N. (2000), Perspektivy strachovanija riskov v agrarnom sfere Rossii (Perspektiven der Absicherung von Risiken im Agrarbereich Rußlands), in: Žurnal agrarnoj ekonomiki i marketinga, Nr. 1, November, http://fep.vsau.ru/journal/1/nazar/nazar.htm (abgerufen am 03.12.2004).

North, Douglass C. (1992), Institutionen, institutioneller Wandel und Wirtschaftsleistung, Tübingen.

North, Douglass C. (1994), Economic Performance Through Time, in: American Economic Review, Vol. 84, No. 3, pp. 359-368.

North, Douglass C. (1995), The Adam Smith Address: Economic Theory in a Dynamic Economic World, in: Business Economics, Vol. 30, pp. 7-12.

Novikov, V. N. (1995), O demonopolizacii i razvitii konkurencii v pererabatyvajuščich i obsluživajuščich otrasljach (Über die Entmonopolisierung und die Entwicklung des Wettbewerbs im vor- und nachgelagerten Bereich der Landwirtschaft), in: Ekonomika sel'skochozjajstvennych i pererabatyvajuščich pererabatyvajuščich predprijatij, 6/1995, S. 17-20.

OECD (1998), Review of Agricultural Policies: Russian Federation, Paris.

Ognivcev, S. B. (2002), Struktura vlasti v rossijskom APK, in: *Rossiskja Akademija sel'skochozjajstvennych nauk; Vserossijskij institute agrarnych problem i informatiki; Fond podderžki agrarnoj reformy i sel'skogo razvitija* (Hg.), Vlast', biznes i krest'janstvo: mechanismy effektivnogo vzaimodejstvija. Nikonovskie čtenija – 2002, Moskva, S. 403-407.

Pies, Ingo (1996), Theoretische Grundlagen demokratischer Wirtschafts- und Gesellschaftspolitik – Der Beitrag James Buchanans, in: *Ingo Pies* und *Martin Leschke* (Hg.), James Buchanans konstitutionelle Ökonomik, Tübingen, S. 1-18.

Pleines, Heiko (2003), Wirtschaftseliten und Politik im Russland der Jelzin-Ära (1994 – 1999), Münster.

Pleines, Heiko (2004), Freier Weg für Reformen: Die Ausschaltung der russischen Agrarlobby, in: Russlandanalysen Nr. 30, Forschungsstelle Osteuropa, S. 8.

Priebe, Hermann (1985), Die subventionierte Unvernunft, 3. durchges. u. aktualisierte Aufl., Berlin.

Radio Free Europe und *Radio Liberty* (2004), http://www.rferl.org/specials/russianelection/parties.asp (abgerufen am 15.11.2004).

Radugin, N. und *V. Ljubimov* (1999), Gosudarstvennoe regulirovanie agroprodovol'stvennogo kompleksa (Die staatliche Regulierung der Agrar- und Ernährungskomplexes), in: APK, Heft 7, S. 15-24.

Rodionova, O. A. (2001), Transformacija integracionnych processov v agroprodovol'stvennoj sfere Rossii (Die Transformation von Integrationsprozessen im Agrar- und Ernährungssektor Rußlands), in: Ekonomika sel'skochozjajstvennych i pererabatyvajuščich predprijatij, 9/2001, S. 37-40.

Rodionova, O. A. (2002a), Agropromyšlennaja integracija: tendencii, mechanizmy realizacii (Agro-industrielle Integration: Tendenzen, Mechanismen der Verwirklichung), Moskva.

Rodionova, O. A. (2002b), Vertikal'naja integracija: motivy vozniknovenija i mechanizmy realizacii (Vertikale Integration: Motive der Entstehung und Mechanismen der Verwirklichung), in: *Rossijskaja Akademija sel'skochozjajstvennych nauk; Vcerossijskij institut agrarnych problem i informatiki; Fond podderžki reformy i sel'skogo razvitija* (Hg.), Vlast', biznes i krest'janstvo: Mechanizmy effektivnogo vzaimodejstvija, Moskva, S. 155-157.

Schmitt, Günther H. (1972), Landwirtschaft in der Marktwirtschaft: Das Dilemma in der Agrarpolitik, in: *Dieter Cassel, Gernot Gutmann* und *H. Jörg Thieme* (Hg.), 25 Jahre Marktwirtschaft in der Bundesrepublik Deutschland: Konzeption und Wirklichkeit, Stuttgart, S. 339-350.

Schmitt, Günther H. und *Christoph Burose* (1995), Protektion der Landwirtschaft: ökonomisch und sozial unnötig, in: Orientierungen zur Wirtschafts- und Gesellschaftspolitik, 63. Jg. Nr. 1, S. 48-52.

Schneider, Eberhard (1997), Föderalismus in Rußland: Kompetenzabgrenzungsverträge und Gouverneurswahlen, Bericht des BIOst, Nr. 21, Köln.

Schulze, Eberhard und *Peter Tillack* (2002), Das russische Agrarlandverkehrsgesetz – ein Kompromiß, in: Agrarwirtschaft, Bd. 51, Heft 7, S. 362-363.

Scrimgeour, F.G. und *E.C. Pasour Jr.* (1996), A Public Choice Perspective on Agricultural Policy Reform: Implications of the New Zealand Experience, in: American Journal of Agricultural Economics, Vol. 78, No. 2, May, pp. 257-267.

Semenov, Aleksandr (1997), Kooperacija promyšlennych i sel'skochozjajstvennych predprijatij – real'nyj put' rešenija social'nych problem sela (Die Kooperation von Industrie- und Landwirtschaftsbetrieben – realisierbare Möglichkeiten zur Lösung der sozialen Probleme auf dem Land), in: Meždunarodnyj sel'skochozjajstvennyj žurnal, 1/1997, S. 20 ff.

Sergejewa, Jelisaweta (2000), Streiflicht zur neuen russischen Regierung, in: Wostok-Newsletter, Nr. 4, im Internet: http://www.wostok.de/news/4-00/inhaltframe.html #artikel1 (abgerufen am 05.12.2004).

Serova, Evgenija V. (2001), Actors in Agro-Food Policy: Who Shapes Outcomes, in: *Klaus Segbers* (ed.), Explaining Post-Soviet Patchworks, Volume 1: Actors and sectors in Russia between accommodation and resistance to globalization, Aldershot, pp. 292-309.

Serova, Evgenija V. (2004), Agroprodovol'stvennyj kompleks Rossii v 2003 godu (Der Agrar- und Ernährungssektor Rußlands im Jahr 2003), in: *Institut ekonomiki perechodnogo perioda i Analitičeskij centr agroprodovol'stvennoj ekonomiki* (Hg.), Bjulleten', Nr. 1 (19), S. 4-32, http://www.iet.ru/afe/bulls/bull19r.pdf (abgerufen am 10.12.2004).

Šik, O. (2002), Obzor bjudžetnoj podderžki APK v Rossii v 1994 – 2002 gg. (Überblick über die Unterstützung des AIK Rußlands aus dem Staatshaushalt in den Jahren 1994 – 2002), in: *Institut ekonomiki perechodnogo perioda* (Hg.), Problemy agroprodovol'stvennogo sektora (Probleme des Agrar- und Ernährungssektors), Naučnye trudy, Nr. 47R, Moskva, S. 5-43.

Smith, Willie und *Hayden Montgomery* (2003), Revolution or evolution? New Zealand agriculture since 1984, in: GeoJournal, Vol. 59, No. 2, pp. 107-118.

Streit, Manfred E. (1992), Wissen, Wettbewerb und Wirtschaftsordnung. Zum Gedenken an Friedrich August von Hayek, in: ORDO, Jahrbuch für die Ordnung von Wirtschaft und Gesellschaft, Bd. 43, S. 1-30.

Streit, Manfred E. (1999), Rechtsordnung und Handelnsordnung, in: ORDO, Jahrbuch für die Ordnung von Wirtschaft und Gesellschaft, Bd. 50, S. 93-104.

Streit, Manfred E. (2000a), Rationale Wirtschaftspolitik in einem komplexen System, Diskussionsbeitrag 05-2000, Max-Planck-Institut zur Erforschung von Wirtschaftssystemen, Jena.

Streit, Manfred E. (2000b), Theorie der Wirtschaftspolitik, 5. Aufl., Düsseldorf.

Streit, Manfred E. (2002), Wirtschaftspolitik im demokratischen Wohlfahrtsstaat – Anatomie einer Krise, in: ORDO, Jahrbuch für die Ordnung von Wirtschaft und Gesellschaft, Bd. 53, S. 21-30.

The Russian Federation Votes: 2003-04, http://www.rferl.org/specials/russianelection/parties.asp (abgerufen 15.11.2004).

Tkačenko, Elena (2003), Na svoj strach (Auf eigenes Risiko), in: Agrobisnes, Nr. 1, Februar, http://www.agro-business.ru/archive/2003/1/531.html (abgerufen am 03.12.2004).

Uzun, Vasilij (2003), Bol'šoj biznes prišel na selo: Čto dal'še? Krupnye investory učastvujut v finansovom ozdorovlenii APK (Das Big Business auf dem Land: Wie weiter? Große Investoren beteiligen sich an der Sanierung des Agro-Industriellen Komplexes), in: Krest'janskie vedomosti, 27.01.2003, http://www.agronews.ru/articleview.php?AId=579 (abgerufen am 12.02.2003).

Ušačev, I. G. (2002a), Sostojanie i perspektivy razvitija korporativnych form upravlenija v APK Rossii (Zustand und Entwicklungsperspektiven korporatistischer Formen der Leitung des AIK Russlands), in: APK, Heft 10, S. 21-31.

Ušačev, I. G. (2002b), Razvitie integracionnych processov v APK Belgorodskoj oblasti (Die Entwicklung der Integrationsprozesse im AIK des Oblast Belgorod), in: Ekonomika sel'skochozjajstvennych i pererabatyvajuščich predprijatij, 2/2002, S. 6-10.

Ušačev, I. G. (2003a), Problemy ustojčivogo razvitija APK Rossii (Probleme einer nachhaltigen Entwicklung des AIK Russlands), in: Ekonomika sel'skochozjajstvennych i pererabatyvajuščich predprijatij, 9/2003, S. 7-12.

Ušačev, I. G. (2003b), Osnovnye napravlenija social'no-ekonomičeskogo razvitija APK (Grundsätzliche Ausrichtung der sozio-ökonomischen Entwicklung des AIK), in: Ekonomist, Nr. 6, S. 80-90.

Voigt, Stefan (2002), Institutionenökonomik, München.

Wädekin, Karl-Eugen (1994), Agrarpolitik in Russland zur Wende 1993/1994, in: Osteuropa, 44. Jg., Nr. 6, S. 513-530.

Wädekin, Karl-Eugen (1995), Der Niedergang von Rußlands Agrarproduktion, in: Osteuropa, 45. Jg., Nr. 12, S. 1107-1112.

Wandel, Jürgen (2001), Landwirtschaft und Industrie in Rußland – der Transformationsprozeß in der Ernährungsindustrie: Eine Analyse im Lichte des Structure-Conduct-Performance-Ansatzes, Kiel.

Wegren, Stephen K. (1997), Land Reform and the Land Market in Russia: Operation, Constraints and Prospects, in: Europe-Asia-Studies, Vol. 49, No. 5, pp. 959-987.

Wegren, Stephen K. (2002a), Russian Agrarian Policy Under Putin, in: Post-Soviet Geography and Economics, Vol. 43, No. 1, pp. 26-40.

Wegren, Stephen K. (2002b), Observations on Russia's New Agricultural Land Legislation, in: Eurasian Geography and Economics, Vol. 43, No. 8, pp. 651-660.

Wiest, Margarete (2004a), Die neue Staatsduma – das Taschenparlament des Präsidenten, in: Rußlandanalysen, Nr. 13, 30.01.2004, Forschungsstelle Osteuropa, S. 2-8.

Wiest, Margarete (2004b), Ausgehöhlte Gewaltenteilung: Der Föderationsrat in Putins gelenkter Demokratie, in: Osteuropa, 54. Jg., Nr. 1, S. 17-27.

Willgerodt, Hans (1974), Der „Gemeinsame Agrarmarkt der EWG", Vorträge und Aufsätze des Walter Eucken Instituts, Nr. 49, Tübingen.

World Bank (2004), From Transition to Development. A Country Economic Memorandum for the Russian Federation, Washington, D.C., http://www.worldbank.org.ru/ ECA/Russia.nsf/bef4f7b517099c0a85256bfb006e03e0/fe49ab3fb21ae703c3256e6f00410 397/$FILE/Country%20Economic%20Memorandum%20(English).pdf (abgerufen am 20.11.2004).

Yanbykh, Renata und *Evgenija Serova* (2000), Driving Forces in Russian Agrarian Policy in 1990-ties, www.iet.ru/afe/englisch/projects/politics-e.pdf oder www.iet.ru/personal/agro/ Agr-policy.htm (abgerufen am 12.10.2003).

Zičenko, A. P., V.I. Nazarenko, V. V. Šajkin et al. (Hg.) (2004), Agrarnaja Politika (Agrarpolitik), Moskva.

Zlobin, E. F. (1996), Cenovye aspekty demonopolizacii predprijatij APK (Preisaspekte der Entmonopolisierung von Unternehmen des APK), in: Ekonomika sel'skochozjajstvennych i pererabatyvajuščich predprijatij, 7/1996, S. 13-16.

Studien zur Ordnungsökonomik

(bis Nr. 21: „Arbeitsberichte zum Systemvergleich")

Herausgegeben von **Alfred Schüller**

Die *Forschungsstelle zum Vergleich wirtschaftlicher Lenkungssysteme der Philipps-Universität Marburg* hat seit 1982 in ihren „Arbeitsberichten zum Systemvergleich" aktuelle ordnungstheoretische und ordnungspolitische Forschungsergebnisse veröffentlicht. Seit 1994 werden diese Arbeitsberichte von der neu gegründeten *Marburger Gesellschaft für Ordnungsfragen der Wirtschaft e.V. (MGOW)* herausgegeben.

Ab Heft 22 erscheint die Reihe unter dem Titel „Studien zur Ordnungsökonomik" im Verlag Lucius & Lucius, Stuttgart.

Lieferbare Titel:

Studie 29 · *Alfred Schüller* (Hg.), **Orientierungen für ordnungspolitische Reformen:** Walter Hamm zum 80. Geburtstag, 2003, 79 S., 15.00 €, ISBN 3-8282-0259-4.

Studie 28 · *Ulrich Fehl* und *Alfred Schüller*, **Wettbewerb und weltwirtschaftliche Integration:** Triebkräfte des Transformationsprozesses, 2002, 56 S., 14.00 €, ISBN 3-8282-0232-2.

Studie 27 · *Helmut Leipold*, **Islam, institutioneller Wandel und wirtschaftliche Entwicklung**, 2001, 44 S., 14,00 €, ISBN 3-8282-0206-3.

Studie 26 · *Thomas Döring* und *Dieter Stahl*, **Institutionenökonomische Aspekte der Neuordnung des bundesstaatlichen Finanzausgleichs:** Anmerkungen zum Urteil des Bundesverfassungsgerichts über ein „Maßstäbegesetz" für den Länderfinanzausgleich, 2000, 47 S., 14,00 €, ISBN 3-8282-0157-1.

Studie 25 · *Gerrit Fey*, **Unternehmenskontrolle und Kapitalmarkt:** Die Aktienrechtsreformen von 1965 und 1998 im Vergleich, 2000, 83 S., 14,90 €, ISBN 3-8282-0140-7.

Studie 24 · *Ludger Wößmann*, **Dynamische Raumwirtschaftstheorie und EU-Regionalpolitik:** Zur Ordnungsbedingtheit räumlichen Wirtschaftens, 1999, 105 S., 16,00 €, ISBN 3-8282-0124-5.

Studie 23 · *Ralf L. Weber* †, **Währungs- und Finanzkrisen: Lehren für Mittel- und Osteuropa?** 1999, 42 S., 14,00 €, ISBN 3-8282-0112-1.

Studie 22 · *Alfred Schüller / Christian Watrin*, **Wirtschaftliche Systemforschung und Ordnungspolitik:** 40 Jahre Forschungsstelle zum Vergleich wirtschaftlicher Lenkungssysteme der Philipps-Universität Marburg, 54 S., 9,90 €, ISBN 3-8282-0111-3.

Lucius & Lucius, Stuttgart

Bei Fragen zur Produktsicherheit wenden Sie sich bitte an:
If you have any questions regarding product safety,
please contact:

Walter de Gruyter GmbH
Genthiner Straße 13
10785 Berlin
productsafety@degruyterbrill.com